はじめ

　世界に類をみない超高齢社会に直面し、社会状況や諸制度は大きく変化してきた。とりわけ、2000年代以降、介護保険等の社会保障システムの改革は急ピッチで進められ、地域包括ケアシステムを基盤とした取組みが全国で普及した。その5つの要素の1つである「住まい」については、高齢期にも安定した生活基盤としての役割が重要とされる中、生活全般に関わるソフトとの結びつきを強めていくことが求められてきた。さらに、人口減少の加速や格差の拡大等を背景に、全世代型の包括的な生活支援体制づくりが始まり、新たな結びつきの広がりが期待される。

　一方、住宅政策は、高度経済成長期以降、経済社会の変化、住宅事情の変化等により、量から質へ、フローからストックへ、公共事業から市場政策へと目的や手段を変化させてきた。住宅政策の基本法であった住宅建設計画法（1966年）が2006年に「住生活の豊かさの実現」を目的とする住生活基本法に移行し、同時に地方分権の進展等に伴い、地方自治体が主となった地域特性を反映した住宅政策の企画・実施が求められている。

　こうしたことから、超高齢社会においては、各地域の実状の反映や地域資源の活用により、「住まい」の確保と生活全般に関わる諸政策とが結びついた安定した生活の基盤づくりとしての居住政策[1]の確立が求められている。そうした中、地方自治体の住宅部局と他部局・多機関等の多面的な連携が課題となっている[2]。

1　本書における居住政策とは、住生活全体を対象とした政策とし、関連する住宅・居住環境、サービス等を対象とした総合的・横断的な政策領域と定義する。なお、住田（2007）は、それまでの「マスハウジング」政策から、地域特性に応じ、多方面からのアプローチを組み合わせた「マルチハウジング」政策をめざすべきとし、そのために住宅政策は居住政策への転回が求められると論じている。ここでいう居住政策とは、ハコとしての住宅の供給や管理等だけでなく、住生活や居住環境、地域コミュニティ等居住問題全般に関わる「生活行政そのものへの同化」であるとし、市民に身近なすべての基礎自治体に居住政策へのかかわりが求められると記しており[x1)]、本書で用いる居住政策はこの考え方に則っている。

2　厚生労働省・国土交通省告示 1 号「高齢者の居住の安定の確保に関する基本的な方針（2017年10月改正）において、「高齢者の住まいの問題は、両政策（住宅政策・福祉政策）にまたがるものであり、建物という「ハード」とサービスという「ソフト」を一体的にとらえて、国民本位・住民本位の立場から、住宅政策と福祉政策の緊密な連携のもとに取り組む必要がある。」とある。

　そもそも、戦後の住宅政策において「福祉との連携」が課題となったのは、公営住宅管理に関するものからであり、古くは生活保護制度との関係整除や単身老人の入居基準の見直し等があった。その後、高齢者人口の増加とともに、住宅計画の策定やシルバーハウジング・プロジェクトの事業化等、公営住宅を中心に行政内の住宅部局と福祉部局の直接的な連携が模索された。やがて、住宅政策は住宅市場政策へ、高齢者福祉政策は介護保険制度や地域包括ケアシステムへ、両者とも間接的な施策の比率が高まるとともに、既存制度では対応が困難な多様な対象者や課題に柔軟に向き合うことが求められるようになった。そうした中、2007年住宅確保要配慮者に対する賃貸住宅の供給の促進に関する法律（住宅セーフティネット法）の制定、2017年同法の改正を機に、民間住宅を活用した住宅セーフティネット政策が本格化、その対象も多様な「住宅確保要配慮者[3]」に拡大し、行政内だけでなく、行政外の不動産団体・居住支援団体等を構成員とする協議体（居住支援協議会[4]）による新たな連携体制が構築されるようになっている。

　こうした複数の組織・職種等が連携・協議する体制による連携方法を本書では「協議会型アプローチ」と称し、今後の居住政策につながる新たな連携体制として捉え、その実態や今後の展開の課題、新たな可能性について考察をしていく。

　そこで、これまでの住宅と福祉の連携の変遷を顧みつつ、居住の安定の確保に向けた地方自治体の住宅部局や福祉部局におけるハードとソフトの連携による取組みや居住支援団体等の取組みの実態を明らかにする。さらに、居住の安定を脅かす災害やパンデミックに伴う経済社会の変化等も視野に入れつつ、多面的な連携「協議会型アプローチ」による居住政策について、実現に向けた課題や今後の展望について考察していく。

　本書の構成は以下のとおりである。

---

[3] 高齢者、低額所得者、子育て世帯、障害者、被災者等の住宅の確保に特に配慮を要する者と住宅セーフティネット法第2条に規定されている。
[4] 居住支援協議会とは、住宅セーフティネット法第10条第1項に定められた「住宅確保要配慮者居住支援協議会」のこと。住宅確保要配慮者の民間賃貸住宅への円滑な入居の促進を図るため、地方自治体や関係業者、居住支援団体等が連携し、住宅確保要配慮者および民間賃貸住宅の賃貸人の双方に対し、住宅情報の提供等の支援を実施するものである。2021年10月時点では、全都道府県および、66市区町（3町で構成する協議会あり）の計111団体が居住支援協議会を設置している。

　1章では、住宅と福祉をめぐる諸制度の変遷から、現在の住宅と福祉の連携制度の誕生の背景を明らかにする。

　2章では、1章の背景をふまえ、現在の住宅・福祉等の連携をめぐる課題から、本書の基本的課題となる「協議会型アプローチ」を定義する。

　3章と4章は全国の地方自治体や居住支援団体を対象とした実態調査結果を示す。このうち、3章では地方自治体の住宅セーフティネット政策における住宅・福祉等の連携の実態を、4章ではその中の「協議会型アプローチ」である居住支援協議会の実態をそれぞれ明らかにする。

　5章では以上の実態調査から、「協議会型アプローチ」による居住政策の課題や今後の住宅・福祉等の連携拡大の可能性について考察する。

　6章では今後の展望について論じる。

　なお、本書は科学研究費助成事業「超高齢社会の「協議会型アプローチ」による居住支援（16K06655）」の研究成果を活用している（研究代表：佐藤由美，研究分担者：坂東美智子）。

　調査に協力いただいた地方自治体・居住支援団体の皆様に厚く御礼申し上げる。

佐藤　由美

【参考文献】
文1）住田昌二『21世紀のハウジング＜居住政策＞の構図』，ドメス出版，
　　2007.7

1章　住宅と福祉をめぐる取組みの変遷

　まず、住宅政策・福祉政策それぞれの政策の変化や連携関係構築につながる諸制度の変遷についてみる。

1−1. 超高齢社会に向けた取組み（1980〜2000年代）

①住宅・福祉等連携に関する制度の動き

　高齢者を施策対象とした国の住宅政策は、1960年代の公営住宅における老人対応から始まり、その後、高齢者人口が増加する社会全体を視野に入れた総合的な政策体系となる長寿社会対策大綱（1986年）の中で「住宅・生活環境システム（居住の安定の確保、安全で住みよい生活環境の形成）」として位置づけられた。具体的な住宅政策については、同年から始まった第五期住宅建設五箇年計画において、高齢化の進展に対応した施策の方向が初めて示され、政策目標となる居住水準に「高齢者」がひとつのカテゴリーとして追加された。その後、大きく変化しながら、現在までに既に35年が経過している。この動きは、戦後から今日までの日本の住宅政策の「モデル展開」「量の確保」「質の向上」「市場整備や活用」の変遷をわずか30年余りでたどってきたことを示している。

　その概要をみると、高齢者・高齢社会に対応した政策領域は、住宅政策全体において、先導的な役割を果たしてきたことが読み取れる。たとえば、1980年代後半に始まった地域高齢者住宅計画策定やシルバーハウジング・プロジェクト等の高齢者住宅施策は、主に基礎自治体が主体となり、地域の特性に応じた多様な高齢者住宅施策の展開を促すものであり、地方自治体における住宅部局と福祉部局の連携のきっかけを与える、モデル的・先導的なものであった。その後、1990年代には、高齢化が進み投資余力が低下する「将来」に備えるための良質な住宅ストック形成という課題に対応した施策が相次いで生まれた。同時に、高齢者福祉政策における在宅福祉重視や高齢者保健福祉推進十か年戦略（ゴールドプラン）等の計画策定、消費税の創設等の議論等の影響もあり、1990年代半ば、第七期住宅建設五箇年計画において、「高齢社会対応の社会資本整備」としての位置づけをもつ住宅政策体系が確立した。その後、高齢者に配慮した住宅や空間に対しては、高齢者向け優良賃貸住宅の供給促進等による

量の拡大とバリアフリー化の普及等による質の向上に向けた取組みが展開され、「高齢者対応」は一般施策として普及していった。

　2000年代に入り、公共住宅供給が減速する中、民間住宅ストックを活用した取組みが本格的に開始された。2001年に高齢者の居住の安定確保に関する法律（高齢者住まい法）が誕生した。これに基づき、高齢者の入居を拒まない賃貸住宅（高齢者円滑入居賃貸住宅：高円賃）、専ら高齢者の入居に資する住宅（高齢者専用賃貸住宅：高専賃）の登録・閲覧システムが確立される等、この時点の高齢者住宅施策は市場政策を先導する役割を担っていた。

　一方、福祉政策についてみると、戦後続いた救貧的選別的な社会福祉から一般的普遍的社会福祉へ、中央集権型社会福祉から地方分権型社会福祉へ、行政主導型社会福祉から民間社会福祉へと大きな転換を遂げているが、その中で「高齢者保健福祉推進十か年戦略（1989年）」、「介護保険法施行（2000年）」、「介護保険法改正（2005年）」等の大きな転換点を経ながら、高齢者福祉政策が社会福祉基礎構造改革をけん引する役割を果たしてきた。

　このように、2000年代までの高齢者居住政策の変遷をみると、住宅・福祉政策ともに改革の先陣をきっていること、両者の動きが相互に影響を及ぼしながら変化してきていること等の特徴を有している。

　その背景には、確実に高齢者が増加することが認識され、さらに少子化の進行も加わり、予想以上のスピードで社会の高齢化が進展してきたこと、それに伴う人口減少等、社会全体の変化が急速に進んでいること等がある。また、確実に増加する高齢者への政策は、政治的対立も少なく、他に比べ「量」という点で社会的インパクトが強いことから、常に重要な政策として注目され続けてきたことも、住宅・福祉の両領域に共通する特徴であった。

②高齢者を対象とした居住政策の動き

　こうした背景のもと、国における高齢者居住政策は、その後も急速に変化していった。

　2006年に制定された住生活基本法は、住宅よりも広い概念である「住生活」の安定の確保および向上の促進をめざしたものであり、同法に基づく住生活基本計画では高齢者、障害者等の居住の安定の確保や住宅のバリアフリー化、見守り支援等のハード・ソフト両面の取組みの促進、賃貸住宅供給や公的賃貸住宅等と福祉施設の一体的整備の推進等が基本的な施策として示された。

　具体的な施策をみると、2006年のあんしん賃貸支援事業や2007年の住宅セー

フティネット法の制定等、住宅市場で敬遠されがちな高齢者・障害者・低額所得者等の住宅確保要配慮者の生活支援も対象とした居住安定に向けた制度が作られた。また、安心住空間創出プロジェクト等、公的住宅を地域福祉に活用する施策が打ち出された。2009年度には高齢者住まい法が改正され、厚生労働省・国土交通省共同所管により、高齢者向け賃貸住宅と老人ホームの供給目標を一体的に定める高齢者居住安定確保計画の策定（都道府県等）、高齢者円滑入居賃貸住宅登録住宅の基準等が定められた。同時に、民間事業者等による先導的な高齢者向け住宅に関する技術等の開発や生活支援・介護サービス等が効率的・効果的に提供される住まいづくり・まちづくりを促進することを目的とした高齢者居住安定化モデル事業（その後、高齢者等居住安定化推進事業、スマートウェルネス住宅等推進モデル事業等に移行）が創設され、民間による高齢者住宅の供給の促進や適正化、サービスとの連携、地域づくり等をめざした新たな事業が数多く生まれた。

　これらのことから、2025年頃の超高齢社会に対応した居住政策は、おおむね2000年代に出揃っているといえる。

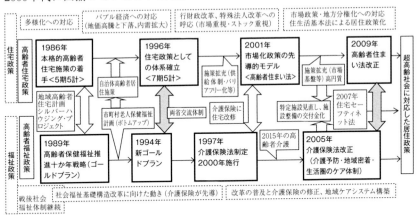

図1-1　高齢者住宅政策・高齢者福祉政策等の変遷（1980〜2000年代）

出典：文1）、文2）に加筆

1−2. 超高齢社会から人口減少社会へ（2010年代以降）

①住宅・福祉等連携に関する制度の動き

　2010年代以降も住宅・福祉の連携を基盤とした新たな法制度が整備されたが、それまでのものに比べ、対象者や関係者が拡大し、地域の高齢者福祉以外の様々な機関・職種の連携による取組みも始まった。

　2011年、高齢者住まい法は、高齢者住宅・施設の再編をめざし、抜本的な改正が行われた。この法改正は、それまでの高円賃、高専賃や高齢者向け優良賃貸住宅（高優賃）を廃止、サービス付き高齢者向け住宅に一本化し、都道府県等による登録制度を創設するもので、両省の共管により老人福祉法に規定されている有料老人ホームとの調整規定を措置する内容のものとなっている。これらの考え方は、同年に見直しのあった住生活基本計画（全国計画）にも反映されており、目標の中に「住生活の安心を支えるサービスが提供される環境の整備」が追加され、成果指標に「高齢者人口に対する高齢者向けの住まいの割合」等、より生活そのものの支援に踏み込んだ内容が付加された。

　また、厚生労働省では地域包括ケア体制づくりの推進と2012年度に創設された24時間対応の「定期巡回随時対応サービス」に代表される介護保険・居宅サービスの充実を進め、サービス付き高齢者向け住宅と介護サービスの結びつきが強まっていった。

　2016年には厚生労働省・国土交通省が「福祉・住宅行政の連携強化のための連絡協議会」を設け、福祉行政との連携を先行させながら、居住政策の実現に向けた道筋が徐々に整備されている。さらに、法務省や関係団体が加わり、2020年に「住まい支援の連携強化のための連絡協議会」が設置された。

　2010年代後半からは、格差社会の進展を背景に、それまで「増加する高齢者」を主たる対象者としてきたものから、障害者やひとり親世帯、外国人、被災者等多様な住宅確保要配慮者を対象としたものに拡大していった。具体的には、地域共生の理念のもと、様々な分野の福祉部局・機関等の関わりが増加した。同時に住宅政策も人口減少の課題として空き家対策等、民間住宅などのストック活用とのセットで取組むことが増えたため、各地の不動産業界との接点も増加している。このようなことから、多部門・多機関による住宅・福祉等の連携の必要性が認識されるようになっていった。

　2017年4月には、①住宅確保要配慮者向けの賃貸住宅の登録制度の導入、②

登録住宅の改修・入居への経済的支援、③居住支援協議会等による住宅確保要配慮者と登録住宅のマッチングおよび入居支援等を枠組みとする改正住宅セーフティネット法が成立し、同年10月25日に施行された。同法の第10条第1項では、「地方公共団体、宅地建物取引業者、賃貸住宅を管理する事業を行う者、住宅確保要配慮者に対し居住に係る支援を行う団体その他住宅確保要配慮者の民間賃貸住宅への円滑な入居の促進に資する活動を行う者は、住宅確保要配慮者又は民間賃貸住宅の賃貸人に対する情報の提供等の支援その他の住宅確保要配慮者の民間賃貸住宅への円滑な入居の促進に関し必要な措置について協議するため、居住支援協議会を組織することができる。」とあるように、地方自治体や民間事業者等の協議に対する規定がなされた。具体的には、高齢者や障害者、低額所得者等の住宅確保要配慮者に対する公営住宅等の公的賃貸住宅の供給や民間賃貸住宅への円滑な入居の促進などの取組みを住宅セーフティネット法に基づく「賃貸住宅供給促進計画」において一体的に記述できるようになり、公・民の住宅等を対象とした協議体制の構築とともに、総合的な自治体居住支援政策が徐々に確立されていった。

②住宅政策における居住支援

　この間の様々な取組みのうち、居住支援に関する制度・事業の動向をみる。

　2010年代以降、国土交通省では、空き家を有効に活用して住宅確保要配慮者向けの住宅を供給するため、次のような事業を実施してきた。

　一つは、「民間住宅活用型セーフティネット整備推進事業（2012年度〜2014年度）」で、子育て世帯や高齢者世帯等の住宅確保要配慮者の入居を拒まないこと等を条件として、空き室のある民間賃貸住宅の改修工事に要する費用の一部を国が事業者に直接補助するものである。さらに、要件を住宅確保要配慮者の入居等に限定し、空き室のある民間賃貸住宅の改修工事に要する費用の一部を国が補助する「住宅確保要配慮者あんしん居住推進事業（2015〜2016年度）に移行した。ただし、これらのストック活用型の補助制度は、サービス付き高齢者向け住宅同様、経済政策としての色合いが強く、国直轄の補助事業であったことから、地方自治体と建設・不動産業界との連携した取組みが十分に行われず、地方自治体の居住政策としての効果は限定的であった。

　こうした経緯を踏まえ、2016年度からの「新たな住生活基本計画（全国計画）」において、「住宅の確保に特に配慮を要する者の居住の安定を確保するため、空き家の活用を促進するとともに、民間賃貸住宅を活用した新たな仕組み

の構築も含めた、住宅セーフティネット機能を強化」するとされた。

　さらに、2021年改訂の同計画では、福祉政策との一体的取組みの強化や孤独・孤立対策の観点からの取組みが追加された。また、成果指標に「居住支援協議会を設立した市区町村の人口カバー率50％（令和12年）」が追加され、基礎自治体の役割が一層強まりつつある。

③福祉政策における居住支援（高齢者・障害者・生活困窮者など）

　一方、福祉政策をみると、対象者ごとの法制度に基づき、それぞれで居住に関する支援を実施しており、その目的や実施方法は一律ではない。

1）高齢者

　高齢者については、2001年厚生労働省と国土交通省共管の高齢者すまい法に「高齢者が日常生活を営むために必要な福祉サービスの提供を受けることができる良好な居住環境を備えた高齢者向けの賃貸住宅等の登録制度を設けるとともに、良好な居住環境を備えた高齢者向けの賃貸住宅の供給を促進するための措置を講じ、併せて高齢者に適した良好な居住環境が確保され高齢者が安定的に居住することができる賃貸住宅について終身建物賃貸借制度を設ける等の措置を講ずることにより、高齢者の居住の安定の確保を図り、もってその福祉の増進に寄与することを目的とする。」とあるように、登録された住宅（現・サービス付き高齢者向け住宅等）に係る居住の安定に向けた福祉サービスの提供や賃貸借制度が規定されている。また、介護保険法に基づいた地域支援事業として、生活支援・介護予防サービスの実施、任意事業の地域自立生活支援事業（高齢者の安心な住まいの確保に資する事業等）が位置づけられている。

2）障害者

　障害者については、施設入所から地域居住への移行推進の一環として取組まれており、1993年の障害者基本法第22条において、障害者の生活の安定を図るための住宅の確保や日常生活に適するような住宅の整備を促進するよう必要な施策について言及されて以降、2005年の障害者自立支援法を根拠とする「地域生活支援事業」に、アパートの大家などを24時間態勢で支援する「居住サポート事業」が組み込まれた。2012年の障害者総合支援法においては、（自立支援）協議会の設置、ケアホームとグループホームの一元化などが定められた。この協議会は、障害者の地域における支援体制づくりに関する情報を共有し、関係機関等の連携の緊密化を図るとともに、地域の実情に応じた体制の整備について協議を行う組織とされている。

3）生活困窮者・生活保護受給者

　リーマンショック後、失業者対策として行われていた諸事業が、2013年の生活困窮者自立支援法制定、2015年の生活困窮者自立支援制度創設を経て、法定事業となった。この生活困窮者自立支援法に基づき、就労支援の一環として給付期間限定の住居確保給付金が創設されるた。これにより、相談事業に連動し、賃貸住宅入居・居住に関する個別支援の充実等、居住支援の取組み強化が検討されている。

　この生活困窮者自立支援制度では、自立相談支援事業や住居確保給付金の給付とともに、住居喪失者に対し、一定期間、衣食住等の日常生活に必要な支援を行う一時生活支援事業が、任意事業として位置づけられ、全国の34％の地方自治体（2020年度）で実施されている。2017年、相談事業に連動し、賃貸住宅入居・居住に関する個別支援の充実等、居住支援の取組み強化が検討されている。さらに、2020年春からの新型コロナウイルス感染症拡大により、もともと不安定な居住状況であった人たちを中心に、生活そのものの維持や居住の継続等に支障をきたす人たちが急増したことから、給付条件の緩和や給付期間の延長などが行われており、福祉部局においても重要な施策として位置づけられるようになった。

　また、旧来から福祉制度の根幹となる生活保護制度では、住宅扶助費の支給が行われ、福祉事務所ケースワーカーが住まい探しに関与する例もある。さらに、2015年の厚生労働省「生活保護受給者の民間賃貸住宅への円滑な入居に関する協力依頼について」で、生活保護施策等と民間賃貸住宅への円滑な入居に関する施策等との連携に関する留意点が示された。主なものとしては、住宅扶助に係る代理納付制度の積極的な活用等、公営住宅への入居における連携、民間賃貸住宅への入居における住宅確保要配慮者が入居可能な民間賃貸住宅の情報共有等や入居・居住支援サービス提供事業者等の情報共有等、民間賃貸住宅の紹介に係る相談窓口の設置等の周知活動がある。

　この他、2014年には低所得高齢者等住まい・生活支援モデル事業が開始された。空き家等を活用した住まいの確保と日常的な相談等や見守りが一体となったモデル事業であり、全国の15自治体（2014年度以降）で実施された。

　以上のように、2010年代以降、居住支援に関する制度をみると、対象者が高齢者から「住宅確保要配慮者」に広がり、高齢者以外の福祉分野、とりわけ障

害者や生活困窮者の自立支援等の相談支援体制等において新たな協議体制を設け、関係機関・専門職の連携による取組みをめざすような制度が増加してきている。また、受け皿となる住まいも公営住宅等の公的賃貸住宅から、民間賃貸住宅（ストック）の活用へと幅が広がっている。

　これらのことから政策を実施する地方自治体では、各部局の役割や求められる連携体制も変化しているものと思われる。

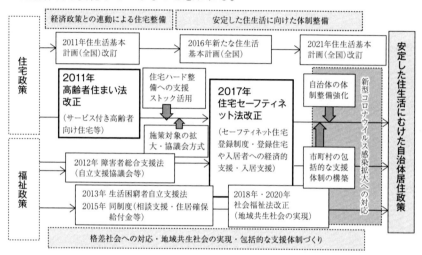

図1-2　住宅セーフティネットをめぐる住宅政策・福祉政策の変遷（2010年代以降）

【参考文献】

文1）佐藤由美「住宅と福祉の連携による高齢者居住政策の形成と展開−地域居住要求に対応して−」，大阪市立大学生活科学研究科・博士学位論文，2010.9

文2）佐藤由美「住宅政策における高齢者居住への支援の変遷と今日の課題」都市住宅学，73号，2011.4

文3）佐藤由美「住宅・福祉等連携による居住支援とは　〜「協議会型アプローチ」の可能性」地域ケアリング，2017.6

2章　住宅・福祉等の連携をめぐる基本的な課題

2−1. 今後の住宅・福祉政策における連携の課題

　前章でみたように、住宅・福祉の連携は、それぞれの時点の住宅政策・福祉政策の課題への対応を軸としながら、必要に応じて相互の政策に位置づけつつ、変化してきた。そこで、今後の住宅・福祉等の連携のあり方を考察するため、現在の両政策連携の基本的な課題を整理する。

　1980年代から社会全体の長期的課題であった長寿社会への対応は、他の政策分野を先導する役割を持ちながら、新たな法制度を次々と生んできた。当初は、モデルプロジェクトにおける連携であったものが、地域づくりの一種になったり、高齢者中心であった対象が全世代に拡大したり、大きな変化を遂げている。

　さらに、2010年代半ば以降、高齢化だけでなく、人口減少や少子化への対応、格差社会への対応等の重要度が増し、「高齢者対応」を応用する形で施策対象者の拡大と実施主体の広がりをもたらしてきた。特に、民間住宅を活用した居住支援の取組みは、それまでの住宅政策とは大きく異なり、住宅供給にとらわれず、住宅市場における円滑な入居の促進とそのための属人的かつ、非物的支援の拡大を目指している点がこれまでの住宅の質の確保（広さやバリアフリー等の性能）や低家賃住宅の供給（公営住宅や高齢者向け優良賃貸住宅等）など、「もの」による解決を目指してきたものとは一線を画している。たとえば、住宅を提供する賃貸人（貸主）や仲介・管理する不動産事業者の要望の把握やそれを尊重した対応や居住者の見守りや安否の確認等の生活そのものへの支援を想定する体制づくりを進め、現場における個々の課題への対応を期待する構成となっている。こうした取組みは、福祉領域に留まらない幅広い対人施策としての性格を強めており、地方自治体の大小を問わず、これまでの住宅政策単独では対応困難とされていた課題を民間事業者や福祉団体等をはじめとした地域の諸機関・団体等との連携により、解決していくものである。

　このような地方自治体の部局を超え、民間も含めた多部門・多機関・多職種による協議体制や対応体制づくりが、これからの地域共生社会の実現に向けて求められるものと思われ、その確立が、地方自治体の総合的な居住政策の実現

においても重要な課題になっていくものと思われる。

2−2. 求められる連携体制：「協議会型アプローチ」

　それでは、どのような体制の確立が今後、求められるのであろうか。

　高齢社会への対応が本格化した1980年代後半、シルバーハウジング・プロジェクト等の高齢者向け公営住宅等の供給に向けた特定目的の住宅事業が、地方自治体の住宅行政（住宅管理者）と高齢者福祉行政（対人サービス提供者）の1対1による連携としてモデル的に取組まれ、両者の対話が始まった（図2-1）。その後、民間事業者によるサービス付き高齢者向け住宅の供給等、サービス事業者と住宅事業者が一体となった事業体制（図2-2）が一般化していった。

　さらに、地域包括ケアシステムにおける日常生活圏域の協議体制である地域ケア会議[1]（図2-3）の確立と、多様な連携や協調による居住の安定の確保に向けた協議体制である居住支援協議会（図2-4）が出現し、主流化しつつある。

　そうした地域を基盤とした多機関・多職種の連携手法を本書では「協議会型アプローチ」と定義し、連携手法としての実態や課題等の検証を行っていく。

●従来型連携モデル

図2-1　シルバーハウジング・プロジェクト　　図2-2　サービス付き高齢者向け住宅

●協議会型アプローチモデル

図2-3　地域ケア会議の例　　　　図2-4　居住支援協議会の例

1　地域ケア会議とは、高齢者個人に対する支援の充実と、それを支える社会基盤の整備とを同時に進めていく、地域包括ケアシステムの実現に向けた手法。地域特性に応じて構成メンバー・協議内容は異なる。介護保険法第115条48等

3章　地方自治体を中心とした住宅・福祉等の連携の実態

　ここでは、居住の安定の確保に向けた協議体制である居住支援協議会を「協議会型アプローチ」の代表例とし、その前提となる地方自治体の住宅セーフティネット政策における住宅・福祉等の連携の実態を明らかにする。

　なお、居住支援協議会は、住宅確保要配慮者の民間賃貸住宅等への円滑な入居の促進を図るため、地方公共団体や関係業者、居住支援団体等が連携し、住宅確保要配慮者および民間賃貸住宅の賃貸人の双方に対し、住宅情報の提供等の支援を実施するものである。地方公共団体や民間事業者（住宅・不動産・建築・金融等）、居住支援団体等が連携し、住宅確保要配慮者および民間賃貸住宅の賃貸人（貸主）の双方に対し、住宅情報の提供等の支援を実施するものであり、これらの一連の取組みは、行政外の機関も含めた典型的な住宅・福祉等連携による「協議会型アプローチ」による居住政策として捉えることができる。

　そこで、全国の自治体・住宅部局を対象とした住宅セーフティネットに関するアンケート調査とインタビュー調査および、居住支援に関する活動を実践している団体を対象としたインタビュー調査を実施した。

①自治体アンケート調査

　2017年3～4月に全国153自治体の住宅部局・高齢福祉部局を対象とした「住宅・福祉等の連携による居住支援に関する調査」を実施した。その後、住宅セーフティネット法が改正され、同年10月に新たな住宅セーフティネット制度が施行された。そこで同制度運用後の全国地方自治体の住宅セーフティネット施策やその取組みの変化を把握するため、再度、2019年に全国164自治体[1]の住宅部局と高齢福祉部局を対象にアンケート調査を実施し、新たな住宅セーフティネット制度運用前後の変化を明らかにした。

　調査対象は、全ての都道府県、政令指定都市、中核市、東京特別区、その他県庁所在市・居住支援協議会設置市町とし、地方自治体ごとに住宅部局用と高齢者福祉部局用の2種類の調査票を配布、回収した。配布・回収状況は表3 - 1のとおりである。

1　中核市の増加により、調査対象自治体数が増加したことによる

表 3-1　都市の種類別配布・回収数・回収率（2017調査，2019調査）

	2017調査			2019調査		
	配布数	回収数		配布数	回収数	
		住宅部局	福祉部局		住宅部局	福祉部局
都道府県	47	43	30	47	43	28
		91.5%	63.8%		91.5%	59.6%
政令指定都市	20	18	16	20	19	16
		90.0%	80.0%		95.0%	80.0%
中核市	48	39	31	54	45	35
		81.3%	64.6%		83.3%	64.8%
東京特別区	23	15	13	23	16	17
		65.2%	56.5%		69.6%	73.9%
その他市町	15	9	7	20	17	14
		60.0%	46.7%		85.0%	70.0%
合計	153	124	97	164	140	110
		81.0%	63.4%		85.4%	67.1%

出典：文1）

その他、調査の概要は巻末の参考資料に示す。

（以下の表記：2017調査：2017年調査、2019調査：2019年調査）

②自治体インタビュー調査

　自治体アンケート調査結果を踏まえ、住宅と福祉等の連携による居住支援政策のあり方を検討するため、先進的、特徴的な取組みを行う地方自治体を対象に、住宅政策や具体的な取組み事例等を詳細に把握することを目的にインタビュー調査を実施した。調査対象は16都府県・14市区であり、2017年8月から2020年3月までの間に調査を実施した。その他の概要は巻末のとおりである。

③居住支援団体インタビュー調査

　自治体アンケート・インタビュー調査の結果とともに、先進的・特徴的な居住支援に関する取組みを実施している機関・団体を対象に、その活動の実態や実践上の課題を把握することを目的とする。調査対象は合計21団体で、福祉系団体12団体、住宅・不動産系団体5団体、その他団体は4団体である。その他の概要は巻末のとおりである。

3-1. 地方自治体の住宅セーフティネット政策の実態

　地方自治体を対象としたアンケート調査やインタビュー調査をもとに、住宅セーフティネット政策の実態を行政計画の策定状況、公営住宅や民間住宅に関する施策の実施状況から把握する。ここでいう住宅セーフティネット政策とは、住生活基本法や住宅セーフティネット法における住宅確保要配慮者を対象とし

た住宅・福祉等の連携等による取組みを指す。なお、文章中では、都道府県を
県等、市区町村を市等と表記する場合がある。

(1) 地方自治体の住宅政策の基本的な取組み方
①住宅系の計画策定

　まず、地方自治体の住宅政策の基本的な取組み方を住宅系の計画の策定状況
をもとにみる。住宅政策においては、住生活基本法を根拠とする「住生活基本
計画」がすべての県等に策定義務のある住宅政策の基本計画であり、47都道府
県すべてで策定されている。市等ではそれに準ずる住宅政策の基本計画「住宅
マスタープラン（法定外）等」を策定する動きがあり、政令指定都市の94.4%
や東京特別区の93.3%が策定しているが、中核市では82.1%とやや少ない。こ
れに対し、国土交通省・厚生労働省共管の高齢者住まい法において策定努力義
務が規定されている「高齢者居住安定確保計画」をみると、県等では93.0%が、
政令指定都市の50.0%がそれぞれ策定している以外はほとんど策定されていな
い。その傾向は変わらず、2019調査でも「高齢者居住安定確保計画」は県等で
90.7%、政令指定都市で52.6%と2017調査と同程度であり、それ以下の規模の
都市での策定はわずかである。さらに、住宅セーフティネット法に規定される
「賃貸住宅供給促進計画」は、県等の79.1%、政令指定都市の31.6%が策定し、
全体では32.9%が策定しているが、中核市以下の策定は11.1%と少数である。

　このように、住宅政策の実施方針・財源確保の根拠となる計画策定状況をみ
ると、法の規定どおり、都道府県や政令指定都市では進むが、それ以外の中小
の都市では進んでおらず、住宅政策の取組み方は都市の種類によって大きく異
なっていることがわかる。

表3-2　住宅系の計画策定状況 ＜住宅部局：複数回答＞（2017調査, 2019調査）

住宅に関する計画策定状況 策定・策定（改定）中合計	2017年調査					2019年調査			
	n	住生活基本計画（法定）	住宅マスタープラン等	高齢者等居住安定確保計画	公営住宅等長寿命化計画	n	高齢者等居住安定確保計画	公営住宅等長寿命化計画	（追加）賃貸住宅供給促進計画
都道府県	43	100.0%	7.0%	93.0%	97.7%	43	90.7%	95.3%	79.1%
政令指定都市	18	0.0%	94.4%	50.0%	100.0%	19	52.6%	94.7%	31.6%
中核市	39	0.0%	82.1%	2.6%	94.9%	45	4.4%	88.9%	11.1%
東京特別区	15	0.0%	93.3%	0.0%	100.0%	16	0.0%	87.5%	6.3%
その他市町	9	0.0%	88.9%	0.0%	88.9%	17	5.9%	94.1%	0.0%
合計	124	34.7%	59.7%	40.3%	96.8%	140	37.1%	92.1%	32.9%

出典：文2）

②住宅政策の重点施策

　また、各地方自治体の住宅政策における重点施策（自由記入・2017調査）を
みると、合計で52.2%の地方自治体が公営住宅・民間住宅による「3.住宅確保
要配慮者の居住の安定確保」を挙げており、ついで「5.建替・リフォームによ
る住宅ストックの更新」や「6.空き家の活用・除却の推進」の順に多い。住宅
という「もの」の改善よりも、居住の安定という「しくみ」「くらし」に係る
課題が多く挙げられていることが興味深い。

　しかし、各項目の比率は都市の種類、地方ごとに違いがあり、「3.居住の安
定確保」は政令指定都市・関東大都市圏で70%超であるが、中核市や近畿大都
市圏では40%前後である。逆に「6.空き家の活用・除却の推進」は、中核市や
その他市町では1位だが、政令指定都市や関東大都市圏では1割程度と少ない。

　また、「3.居住の安定確保」を挙げた地方自治体のうち、公営住宅に関する
施策を挙げたのは全体の6割程度だが、東京特別区（25.0%）や関東大都市圏
（33.3%）では低く、民間住宅施策を重点とする地方自治体が多い。

　このように、都市の種類や地方圏によって、「居住の安定確保」を実現する
ための公民の施策の比重には差が生じている。

表3-3　住宅政策の重点施策 ＜複数回答・自由記入＞ （2017調査）

1位

	都市の種類別 地方別 重点施策 ＜回答のあった自治体＞ (2017)	1.若年・子育て世帯が安心して暮らせる住生活の実現	2.高齢者が自立して暮らせる住生活の実現	3.住宅確保要配慮者の居住の安定確保	4.新たな住宅循環システムの構築	5.建替え・リフォームによる住宅ストックの更新	6.空き家の活用・除却の推進	7.住生活産業の成長	8.住宅地の魅力の維持・向上	9.その他地域性への対応	10.その他	再掲:「3.」のうち公営住宅施策あり	再掲:「3.」のうち公営住宅以外の施策のみ
都市の種類別	都道府県（n=35）	34.3%	17.1%	54.3%	14.3%	51.4%	42.9%	11.4%	17.1%	17.1%	11.4%	68.4%	31.6%
	政令指定都市（n=17）	35.3%	29.4%	70.6%	23.5%	41.2%	11.8%	5.9%	23.5%	11.8%	17.6%	50.0%	50.0%
	中核市（n=28）	14.3%	10.7%	42.9%	0.0%	35.7%	46.4%	0.0%	25.0%	7.1%	14.3%	75.0%	25.0%
	東京特別区（n=6）	16.7%	0.0%	66.7%	16.7%	16.7%	0.0%	0.0%	0.0%	0.0%	0.0%	25.0%	75.0%
	その他市町（n=4）	0.0%	0.0%	0.0%	0.0%	0.0%	75.0%	0.0%	50.0%	0.0%	25.0%	0.0%	0.0%
地方別	関東大都市圏（n=16）	25.0%	25.0%	75.0%	18.8%	37.5%	12.5%	0.0%	12.5%	0.0%	6.3%	33.3%	66.7%
	近畿大都市圏（n=17）	23.5%	0.0%	35.3%	23.5%	41.2%	47.1%	5.9%	35.3%	11.8%	29.4%	66.7%	33.3%
	その他大都市圏（n=25）	20.0%	12.0%	52.0%	8.0%	40.0%	44.0%	4.0%	8.0%	12.0%	4.0%	69.2%	30.8%
	その他地方圏（n=32）	31.3%	21.9%	50.0%	3.1%	40.6%	37.5%	9.4%	28.1%	15.6%	15.6%	75.0%	25.0%
合計	（n=90）	25.6%	15.6%	52.2%	11.1%	40.0%	36.7%	5.6%	21.1%	11.1%	13.3%	61.7%	38.3%

出典：文3)

(2) 民間住宅政策の取組み体制

つぎに、都市の種類や地方によって差がみられる民間住宅政策について、その取組み体制を担当者の配置状況（対応体制）からみる。

2017調査では、「3.他の業務兼務の担当職あり」が合計36.3%で最多だが、「4.状況に応じて担当」のように担当職が定まっていない地方自治体も29.0%あった。政令指定都市のみ「1.専従の担当課や係等あり」が61.1%で最多であり、大都市と中小都市の差、県等と大都市の差がいずれも大きい。

しかし、新たな住宅セーフティネット制度発足後の2019調査では、「3.他の業務兼務の担当職あり」が合計で46.4%に増加し、都市の種類に関係なくその比率は高まっている。特に、県等では「1.専従の担当課や係等あり」も18.6%から25.6%に増加しており、県等における民間住宅政策への対応体制は徐々に整備されつつある。

このように、民間住宅政策は都市の種類による対応体制の違いが大きいが、新たな制度とともに、県等を中心に体制整備が進みつつある。

表3-4　民間住宅政策担当者の配置状況（2017調査，2019調査）

民間住宅政策担当者の配置状況（2017）	1.専従の担当課や係等あり	2.専従の担当職あり	3.他の業務兼務の担当職あり	4.状況に応じて担当	5.その他	不明
都道府県 (n=43)	18.6%	2.3%	51.2%	27.9%	0.0%	0.0%
政令指定都市 (n=18)	61.1%	5.6%	27.8%	5.6%	0.0%	0.0%
中核市 (n=39)	23.1%	7.7%	30.8%	30.8%	2.6%	5.1%
東京特別区 (n=15)	13.3%	0.0%	26.7%	40.0%	6.7%	13.3%
その他市町 (n=9)	22.2%	0.0%	22.2%	55.6%	0.0%	0.0%
合計 (n=124)	25.8%	4.0%	36.3%	29.0%	1.6%	3.2%

民間住宅政策担当者の配置状況（2019）	1.専従の担当課や係等あり	2.専従の担当職あり	3.他の業務兼務の担当職あり	4.状況に応じて担当	5.その他	不明
都道府県 (n=43)	25.6%	0.0%	55.8%	16.3%	2.3%	0.0%
政令指定都市 (n=19)	52.6%	0.0%	31.6%	10.5%	5.3%	0.0%
中核市 (n=45)	24.4%	0.0%	46.7%	28.9%	0.0%	0.0%
東京特別区 (n=16)	18.8%	0.0%	37.5%	37.5%	0.0%	6.3%
その他市町 (n=17)	5.9%	0.0%	47.1%	41.2%	0.0%	5.9%
合計 (n=140)	25.7%	0.0%	46.4%	25.0%	1.4%	1.4%

出典：文2)

(3) 高齢福祉分野の「住まい」への取組み

つぎに、高齢福祉部局を対象とした調査結果から、福祉政策領域の「住まい」に関する取組み状況をみる。

2019調査の結果をみると、全体では「5.サービス付き高齢者向け住宅の整備等」、「6.有料老人ホームの報告徴収等」、「2.シルバーハウジングの整備・生活

援助員配置」の順に多く、指導監督権限が中核市にまでに拡大されたことから、「5.サービス付き高齢者向け住宅の整備等」や「6.有料老人ホームの報告徴収等」は中核市以上で実施されている。また、「7.民間賃貸住宅への入居支援」は合計では45.5%で4位だが、東京特別区では88.2%で1位であり、高齢福祉領域でも優先度の高い施策となっている。全般的に、公営住宅に関する施策は県等や政令指定都市で割合が高い傾向がある。

表3-5　高齢者福祉系計画における「住まい」の記述 ＜複数回答＞ （2019調査）

計画における高齢者の住まいや居住環境に関する施策の位置づけ(2019)	1.公営住宅の整備 住戸の整備の高齢者向け	2.シルバーハウジング整備助員配置	3.公営住宅の高齢者入居優遇	4.地域優良賃貸住宅の整備	5.サービス付き高齢者向け住宅整備普及指導	6.有料ホームの報告徴収検査改善命令	7.民間賃貸住宅への入居支援	8.その他高齢期の居住に関する相談・情報提供	9.住宅改修やバリアフリー促進	10.その他	11.特になし
都道府県 (n=28)	50.0%	25.0%	32.1%	14.3%	96.4%	75.0%	57.1%	42.9%	10.7%	25.0%	0.0%
政令指定都市 (n=16)	56.3%	68.8%	25.0%	31.3%	87.5%	62.5%	68.8%	62.5%	0.0%	12.5%	0.0%
中核市 (n=35)	25.7%	62.9%	14.3%	11.4%	68.6%	62.9%	8.6%	20.0%	5.7%	20.0%	8.6%
東京特別区 (n=17)	17.6%	41.2%	5.9%	17.6%	52.9%	17.6%	88.2%	47.1%	5.9%	11.8%	0.0%
その他市町 (n=14)	35.7%	28.6%	0.0%	14.3%	35.7%	28.6%	35.7%	35.7%	0.0%	7.1%	0.0%
合計 (n=110)	36.4%	46.4%	17.3%	16.4%	71.8%	54.5%	45.5%	38.2%	5.5%	17.3%	2.7%

出典：文2）

（4）各地方自治体の住宅セーフティネット政策の取組み方（インタビュー調査）
①概況

　2017年10月、新たな住宅セーフティネット制度の創設により、多様な政策方針や連携体制のもと、各地域の住宅需給状況や地方自治体の個別の事情を反映し、様々な検討や工夫に基づいた住宅確保要配慮者を対象とした施策が生まれている。それらは、これまでの公営住宅事業が主であった地方自治体の住宅政策とは異なり、地方自治体ごとの特色を反映した取組み方がみられる。

　たとえば、地方自治体の特徴からみると、東京特別区・周辺市等のように、高齢者や障害者の居住の場の確保が行政課題として広く認識されて既存施策も豊富な地方自治体、総合計画等の上位に設定された政策理念「地域包括ケアシステム」「人権」等を大義として連携を進める地方自治体、ホームレス支援や生活困窮者自立支援等の実績が豊富な民間支援団体・不動産団体が活動する地方自治体、既存の空き家対策や住宅相談体制、不動産業界とのネットワークを有効活用している地方自治体等、それぞれの地方自治体の政策方針や条件に基づき、特色ある取組みが進められている。

②都道府県

　都道府県の住宅セーフティネット政策は、2017年の住宅セーフティネット法改正以降、法に基づいた賃貸住宅供給促進計画の策定等を通じて、公営住宅・民間住宅を含めた住宅セーフティネット政策の体系化が行われているが、住生活基本計画の改定年がそれ以前の地方自治体が多く、次期改定時に福祉部局等と協議しながら、住宅セーフティネット政策の見直しを図る予定とする地方自治体も多かった。

　その中で、民間賃貸住宅の活用や福祉部局等との連携体制づくり、市等での実施体制整備促進など、総合的な住宅セーフティネット政策の確立をめざしているのは、調査時点では東京都や大阪府等、大都市圏の一部の地方自治体に過ぎなかった。地方圏では公営住宅等公的賃貸住宅やサービス付き高齢者向け住宅を中心とした住宅政策を踏襲しつつ、新たな住宅セーフティネット制度の概要を追記する程度の県等が多かった。

　しかし、住宅セーフティネット法改正後は、国土交通省・厚生労働省両省の働きかけもあり、住宅部局・福祉部局の協議体制を設けたり、相談事業等、居住支援施策を自ら実施したりする県等も出現している。

（　）内は回答自治体の立地する都市圏・地方圏

住宅セーフティネット政策の取組み方針例＜都道府県＞

・住生活基本計画や賃貸住宅供給促進計画を活用し、福祉系の計画との整合を図り、連携を促進している。（関東大都市圏）
・住宅セーフティネットは「住宅市場全体で対応」という方針。公的賃貸住宅が民間賃貸住宅を補完する位置づけである。地方自治体の行政全体で取組む「人権政策」を基盤とする。（近畿大都市圏）
・公営住宅数を増やすことができないため、その補完として民間賃貸住宅を活用した施策を位置づけている。（近畿大都市圏）
・現時点では、住宅セーフティネット政策は、公営住宅を主体に考える方針である（その他都市圏・その他地方圏）。　等

---

③市区町村

　市区町村の住宅セーフティネット政策をみると、地方自治体ごとにその比重は異なっており、住宅マスタープラン・住生活基本計画等での位置づけや高齢者居住安定確保計画の策定状況などにも差が見られる。地域の住宅事情を反映した取組み方針は関東大都市圏の地方自治体で見られ、その他の圏域でも地方自治体全体の政策方針との関連性は都道府県より強い。

　たとえば、地域包括ケアシステムによる都市づくりをめざしている政令指定

都市では、市住宅部局が主体となり、区福祉部局・機関と直接連携を図っており、市政全体の共通認識のもと、施策を推進している。また、東京特別区や周辺市等、高齢者等の居住継続に向けた課題が明確である地方自治体では、福祉部局が高齢者等の住まいを対象とした施策を実施している例が多く、他の都市圏とは異なる体制で対応がなされている。

　また、大都市圏・地方圏問わず、「空き家の利活用促進」の一つの手法としての検討が契機となったり、公共施設等総合管理計画等に基づく「公営住宅のストック削減」に連動していたり、民間賃貸住宅の活用を方向付ける地方自治体も複数あった。

　このように、各地方自治体の条件や住宅政策全体の方針を反映し、住宅セーフティネット制度に取組む例が多く、地方自治体の主体的な政策実施能力が問われているといえる。

( ) 内は回答自治体の立地する都市圏・地方圏と都市の種類

住宅セーフティネット政策の取組み方針例＜市区町村＞

・市全体の重点施策「地域包括ケア推進ビジョン」に位置づいている。（関東大都市圏・政令指定都市）
・公営住宅・民間住宅をあわせた住宅セーフティネット政策について住宅審議会に諮問した。（近畿大都市圏・政令指定都市）
・住宅マスタープランの重点的施策に位置づいている。（関東大都市圏・中核市、同一般市）
・住宅セーフティネット政策の位置づけは高く、公営住宅の削減に民間の空き家を活用することが方向づけられている。（近畿大都市圏・政令指定都市、同・中核市、その他大都市圏・政令指定都市）
・福祉系の計画を束ねた地域福祉保健計画を根拠に「住まいの確保」を位置づけ、展開している（東京特別区）
・住宅セーフティネット政策は公営住宅主体の方針だが、サービス付き高齢者向け住宅と同様、福祉部局と連携して民間賃貸住宅の活用を推進する方針である（その他大都市圏・政令指定都市）。　等

3－2. 住宅・福祉の連携による住宅セーフティネット政策の特徴

　地方自治体を中心とした住宅・福祉の連携による住宅セーフティネット政策としての取組みやその実施体制について実態をみる。

（1）民間賃貸住宅入居支援の取組み

　新たな住宅セーフティネット制度では、民間賃貸住宅への入居促進のための

取組みとして、住宅確保要配慮者の入居を拒まない賃貸住宅の登録制度、登録住宅の改修や入居者への経済的な支援、住宅確保要配慮者に対する居住支援等がある。各自治体では、その実施に際して既存の体制や取組みを活用したり、独自の取組みを付加したりして対応している。

2019調査では「5.登録住宅に関する情報提供」、「4.住宅確保要配慮者への一般的な情報提供」等の情報提供が、ついで「8.住宅確保要配慮者に対応した個別相談」、「9.物件紹介・マッチング」等、入居促進の直接的な活動を実施する地方自治体が多い。しかし、「1.民間賃貸住宅市場に関する調査」や「2.居住支援団体に関する調査」等は1割以下と少ない。

2017調査と比較すると、全般的に実施率は上がっており、「10.入居後の居住支援サービス提供」は12.1％から33.6％に、「7.居住支援団体等の情報提供」も22.6％から34.3％に増加している。また、県等による「8.個別相談」は41.9％から65.1％に大幅に増加している。

一方、都市の種類別にみると、政令指定都市や都道府県に比べ、中核市での取組みが低調である。

このように、取組みの実施状況には、事業ごとの差、都市の種類による差等がみられる。

表3-6　住宅確保要配慮者の民間賃貸住宅への入居の促進に向けた取組み（実施）

＜複数回答＞ （2019調査）

住宅確保要配慮者の民間賃貸住宅入居促進に向けた取組み（実施）(2019)	普及啓発		相談対応		情報提供			サービス提供		資金援助			調査	
	住宅確保要配慮者に向けた普及啓発	広報・一般的な情報提供・	住宅確保要配慮者の個別相談	物件紹介・マッチ	登録住宅に関する情報提供	協力不動産店に関する情報提供	居住支援団体等の情報提供	居住支援サービス提供	入居後の居住支援	保証人・家賃債務保証制度の紹介	住宅の改修費・家賃低廉化への補助	入居者への家賃債務保証料の補助	民間賃貸住宅市場に関する調査実施	居住支援団体に関する調査実施
都道府県 (n=43)	60.5%	76.7%	65.1%	67.4%	93.0%	53.5%	55.8%	55.8%	32.6%	20.9%	23.3%	9.3%	14.0%	7.0%
政令指定都市 (n=19)	47.4%	84.2%	63.2%	68.4%	100.0%	57.9%	52.6%	47.4%	36.8%	10.5%	21.1%	26.3%	21.1%	15.8%
中核市 (n=45)	11.1%	51.1%	37.8%	20.0%	73.3%	22.2%	15.6%	11.1%	13.3%	4.4%	13.3%	8.9%	4.4%	8.9%
東京特別区 (n=16)	18.8%	68.8%	50.0%	62.5%	37.5%	56.3%	31.3%	43.8%	56.3%	6.3%	31.3%	25.0%	12.5%	0.0%
その他市町 (n=17)	23.5%	29.4%	17.6%	35.3%	29.4%	17.6%	11.8%	11.8%	5.9%	5.9%	23.5%	5.9%	5.9%	0.0%
合計 (n=140)	33.6%	62.9%	48.6%	47.9%	73.6%	40.0%	34.3%	33.6%	26.4%	10.7%	20.7%	12.9%	10.7%	7.1%

出典2）に加筆

（2）住宅・福祉部局等との連携方法

①行政内の住宅部局と福祉部局の連携方法

　地方自治体の行政内の連携方法には、「必要に応じて適宜協議」できる関係作りがまず必要だが、そのための居住支援協議会等の協議体制づくり、住宅部局・福祉部局双方の計画策定委員会等への参加等が行われている。

　まず、行政内との協議・情報交流の有無を住宅部局側からみると、2017調査では「7.必要に応じて適宜協議している」が最多であるが、中核市では6割弱と少なく、「8.特に協議や情報交流を行っていない」が、15.4%を占めていた。また、政令指定都市はすべて協議等を行っており、住宅関連や福祉部局等の計画策定時等に設けられた「5.6.委員会などへの参加」も多く、平均2.28種類の手法を用いて協議や情報交流を図っていた。

表3-7　保健福祉部局等との連携方法（行政内）

＜住宅部局：複数回答＞（2017調査，2019調査）

保健福祉部局等との連携方法（行政内の連携）(2017)	1.一元的に行う組織がある	2.居住支援協議会において協議	3.その他、定期的に協議する機会	4.協議するためのルールや窓口を設定	5.住宅関連委員会などに参加を要請	6.福祉部局等の委員会に参加	7.必要に応じて適宜協議している	8.特に協議や情報交流は行っていない	9.その他	「協議あり」の平均種類数
都道府県（n=43）	0.0%	74.4%	11.6%	0.0%	25.6%	20.9%	55.8%	4.7%	0.0%	1.98
政令指定都市（n=18）	0.0%	44.4%	11.1%	0.0%	33.3%	50.0%	88.9%	0.0%	0.0%	2.28
中核市（n=39）	0.0%	15.4%	15.4%	2.6%	25.6%	17.9%	59.0%	15.4%	0.0%	1.61
東京特別区（n=15）	0.0%	33.3%	0.0%	0.0%	26.7%	20.0%	73.3%	6.7%	6.7%	1.71
その他市町（n=9）	0.0%	22.2%	11.1%	0.0%	11.1%	11.1%	88.9%	11.1%	11.1%	1.75
合計（n=124）	0.0%	42.7%	11.3%	0.8%	25.8%	23.4%	66.1%	8.1%	1.6%	1.87

保健福祉部局等との連携方法（行政内の連携）(2019)	1.複数部局で協議する組織あり	2.居住支援協議会において協議	3.その他、定期的に協議する機会	4.協議するためのルールや窓口を設定	5.住宅関連委員会などに参加を要請	6.福祉部局等の委員会に参加	7.必要に応じて適宜協議している	8.特に協議や情報交流は行っていない	9.その他	「協議あり」の平均種類数
都道府県（n=43）	9.3%	86.0%	9.3%	0.0%	25.6%	30.2%	60.5%	0.0%	4.7%	2.26
政令指定都市（n=19）	10.5%	68.4%	21.1%	0.0%	26.3%	36.8%	73.7%	0.0%	0.0%	2.37
中核市（n=45）	11.1%	26.7%	11.1%	0.0%	17.8%	15.6%	66.7%	15.6%	0.0%	1.76
東京特別区（n=16）	6.3%	50.0%	0.0%	0.0%	18.8%	12.5%	56.3%	0.0%	0.0%	1.44
その他市町（n=17）	0.0%	70.6%	11.8%	0.0%	23.5%	17.6%	52.9%	5.9%	5.9%	1.94
合計（n=140）	8.6%	58.6%	10.7%	0.0%	22.1%	22.9%	62.9%	5.7%	2.1%	1.99

出典：文2)

　2年後（2019調査）と比較すると、協議手段の種類は合計で平均1.87種類から1.99種類に増加している。このうち、「2.居住支援協議会において協議」はすべての都市の種類で増加しており、合計42.7%から58.6%となっている。また、「1.複数部局で協議する組織あり」「3.その他定期的に協議する機会」も政令指定都市・中核市で1～2割程度を占めている。

　このように、新たな住宅セーフティネット制度の創設によって、強雨支援協議会を活用した協議の増加やその他の協議体制の整備が進み、徐々に住宅・福祉部局の協議体制は整備されてきている。

　つぎに、2019調査において、福祉部局からみた住宅部局との協議方法についてみると、「7.必要に応じて適宜協議」できる地方自治体が72.7%ある。また、「2.庁内で定期的に協議する機会がある」が県等や政令指定都市では3～4割に達しているが、住宅部局の回答よりも低率であり、福祉部局（高齢者福祉部局）での認知が遅れているものと思われる。

　計画策定委員会への参加状況は、「福祉関連計画の策定委員会等に参加してもらう」が「住宅部局等の計画策定委員会に参加する」を上回っており、住宅部局の認識と共通する。

表3-8　住宅関連部局との協議方法（行政内）＜福祉部局：複数回答＞（2019調査）

住宅関連部局との協議方法(2019)	1.業務を住宅関連部局と一元的に	2.庁内で定期的に協議	3.庁外で定期的に協議	4.協議するためのルールや窓口設置	5.福祉関連計画の策定委員会等に参加	6.住宅部局等の計画策定委員会に参加	7.必要に応じて適宜協議	8.協議情報交流行っていない	9.その他	協議方法の平均種類数(協議有の自治体)
都道府県（n=28）	7.1%	42.9%	7.1%	3.6%	28.6%	28.6%	78.6%	3.6%	0.0%	2.04
政令指定都市（n=16）	0.0%	31.3%	12.5%	6.3%	37.5%	25.0%	81.3%	0.0%	6.3%	2.00
中核市（n=35）	0.0%	8.6%	8.6%	0.0%	20.0%	11.4%	74.3%	11.4%	2.9%	1.42
東京特別区（n=17）	5.9%	29.4%	11.8%	0.0%	23.5%	11.8%	76.5%	0.0%	0.0%	1.59
その他市町（n=14）	0.0%	42.9%	7.1%	7.1%	7.1%	0.0%	42.9%	21.4%	7.1%	1.45
合計（n=110）	2.7%	28.2%	9.1%	2.7%	23.6%	16.4%	72.7%	7.3%	2.7%	1.71

出典：文2）

②行政外の福祉等機関・居住支援団体等との連携方法

　つぎに、住宅部局からみた行政外の福祉機関・団体との協議・情報交換の有無についてみると、2017調査では「8.特に協議や情報交流を行っていない」は全体で29.8%と行政内の福祉部局等との連携未実施の状況（8.1%）より高率で

あり、中小の都市では行政外機関との連携が少ない傾向がある。県等や政令指定都市では「1.居住支援協議会において情報共有」が多い他、政令指定都市や東京特別区の中には「4.必要に応じて適宜」や「5.業務の委託等」等、連携方法の種類が多い。

　さらに、2019調査で変化をみると、「6.特に協議や情報交流は行っていない」は合計で29.8%から12.9%に大幅に減少し、逆に「1.居住支援協議会において情報共有」は49.2%から69.3%に20ポイント増加した。その他、「2.その他、定期的に情報共有する機会」や「4.必要に応じて適宜、情報共有・協議」も増加している。そうした連携を図っている行政外の機関・団体をみると、「2.社会福祉協議会」が25.7%、「1.地域包括支援センター」が12.9%となっている。このうち政令指定都市は「3.その他」が47.4%と最多であるが、その名称をみると、社会福祉法人・一般社団法人・NPO法人等の社会福祉系の団体、不動産系の団体の名前が挙がっており、市等住宅部局と情報共有できる体制が構築されているものと思われる。

表3-9　保健福祉等機関・団体との連携方法（行政外）

<住宅部局：複数回答>（2017調査，2019調査）

保健福祉等機関・団体との連携方法（行政外の連携）(2017)	1.居住支援協議会において情報共有	2.その他、定期的に情報共有する機会	3.情報共有するためのルールや窓口を設定	4.必要に応じて適宜、情報共有・協議	5.業務の委託等を行っている機関・団体あり	6.特に協議や情報交流は行っていない	7.その他	「協議あり」の平均種類数
都道府県 (n=43)	69.8%	2.3%	0.0%	14.0%	4.7%	20.9%	0.0%	1.15
政令指定都市 (n=18)	66.7%	0.0%	0.0%	33.3%	16.7%	11.1%	5.6%	1.38
中核市 (n=39)	25.6%	2.6%	0.0%	15.4%	7.7%	46.2%	7.7%	1.10
東京特別区 (n=15)	33.3%	13.3%	6.7%	33.3%	13.3%	26.7%	6.7%	1.45
その他市町 (n=9)	44.4%	0.0%	0.0%	0.0%	0.0%	44.4%	11.1%	1.00
合計 (n=124)	49.2%	3.2%	0.8%	18.5%	8.1%	29.8%	4.8%	1.21

保健福祉等機関・団体との連携方法（行政外の連携）(2019)	1.居住支援協議会において情報共有	2.その他、情報共有する機会	3.情報共有するためのルールや窓口を設定	4.必要に応じて適宜、情報共有・協議	5.業務の委託等を行っている機関・団体あり	6.特に協議や情報交流は行っていない	7.その他	「協議あり」の平均種類数
都道府県 (n=43)	95.3%	2.3%	0.0%	30.2%	9.3%	0.0%	4.7%	1.72
政令指定都市 (n=19)	68.4%	21.1%	0.0%	47.4%	5.3%	5.3%	0.0%	2.00
中核市 (n=45)	44.4%	11.1%	0.0%	24.4%	0.0%	33.3%	0.0%	1.57
東京特別区 (n=16)	56.3%	6.3%	0.0%	50.0%	6.3%	6.3%	0.0%	1.80
その他市町 (n=17)	82.4%	17.6%	0.0%	29.4%	5.9%	5.9%	5.9%	1.81
合計 (n=140)	69.3%	10.0%	0.0%	32.9%	5.0%	12.9%	2.1%	1.75

出典：文2)

表3-10　行政外で情報共有・協議する機関

<住宅部局：複数回答>（2019調査）

行政外で情報共有・協議する機関 (2019)	1.地域包括支援センター	2.社会福祉協議会	3.その他
都道府県（n=43）	7.0%	23.3%	18.6%
政令指定都市（n=19）	15.8%	36.8%	47.4%
中核市（n=45）	11.1%	24.4%	11.1%
東京特別区（n=16）	25.0%	25.0%	12.5%
その他市町（n=17）	17.6%	23.5%	17.6%
合計（n=140）	12.9%	25.7%	19.3%

出典：文2）

　つぎに、福祉部局対象の2019調査で行政外の機関・団体等との協議についてみると、「1.居住支援協議会において情報共有」が35.5%、県等では64.3%を占めている。しかし、「8.特に関わりはない」がついで多く、特に、中核市では過半が関わりを持っていない。

表3-11　行政外の機関・団体等との連携方法（行政外）

<福祉部局：複数回答>（2019調査）

行政外の居住支援活動を行う機関・団体等との連携方法 (2019)	1.居住支援協議会において情報共有	2.上記以外に、定期的に情報共有する機会あり	3.情報共有・協議するためのルールや窓口を設定	4.必要に応じて適宜、情報共有・協議	5.業務の委託等を行っている機関・団体あり	6.住宅確保が必要な高齢者の相談・対応を委ねることがあり	7.居住支援機関・団体からの相談や協力要請あり	8.特に関わりはない	9.その他	「協議あり」の平均種類数
都道府県 (n=28)	64.3%	3.6%	0.0%	39.3%	0.0%	3.6%	3.6%	14.3%	3.6%	1.38
政令指定都市 (n=16)	18.8%	18.8%	0.0%	37.5%	6.3%	0.0%	6.3%	37.5%	0.0%	1.40
中核市 (n=35)	11.4%	0.0%	0.0%	17.1%	2.9%	11.4%	0.0%	51.4%	2.9%	0.94
東京特別区 (n=17)	47.1%	0.0%	0.0%	35.3%	11.8%	5.9%	0.0%	11.8%	5.9%	1.20
その他市町 (n=14)	42.9%	7.1%	0.0%	14.3%	7.1%	7.1%	0.0%	42.9%	0.0%	1.38
合計 (n=110)	35.5%	4.5%	0.0%	28.2%	4.5%	6.4%	1.8%	32.7%	2.7%	1.24

出典：文2）

【参考文献】

文1）佐藤由美・阪東美智子「自治体居住支援策における住宅と福祉等の連携（3）～新たな住宅セーフティネット制度後の変化」，日本建築学会大会学術講演会，2020.9

文2）佐藤由美「住宅・福祉部局等の連携による自治体居住政策（2）－平成29年調査・
令和元年調査の比較－」奈良県立大学研究季報 第30巻第4号，2020.3

文3）佐藤由美「人口減少時代の自治体居住政策　～今、再び公営住宅政策を問う」
日本建築学会大会（東北）建築社会システム部門 パネルディスカッション資料，
2018.9

4章 「協議会型アプローチ」としての 居住支援協議会の実態

　ここでは、「協議会型アプローチ」の代表として、居住支援協議会を対象に、その実態を把握し、主に自治体・住宅部局や居住支援団体を対象とした調査結果より、住宅・福祉等の連携体制の特徴やその効果、課題について考察する。

4−1. 居住支援協議会の実態

（1）居住支援協議会の設置・参加状況

　全国の地方自治体の居住支援協議会の設置・参加状況（複数回答）をみると、2017年から2019年において、政令指定都市は27.8%から52.6%へ、中核市は5.1%から13.3%へ、東京特別区は33.3%から56.3%へ「設置運営」が増加している。また、政令指定都市や東京特別区では設置を検討中の地方自治体も一定ある。一方、「参加」についてみると、合計はほとんど変わらないが、中核市では74.4%から80.0%にやや増加しており、徐々に中小の地方自治体に設置が進みつつある。

表4−1　居住支援協議会の設置・参加状況 ＜複数回答＞ （2017調査，2019調査）

居住支援協議会設置状況 （2017年）	設置 運営	参加
都道府県 （n=43）	100.0%	0.0%
政令指定都市 （n=18）	27.8%	88.9%
中核市 （n=39）	5.1%	74.4%
東京特別区 （n=15）	33.3%	13.3%
その他市町 （n=9）	33.3%	55.6%
合計 （n=124）	46.8%	41.9%

居住支援協議会設置状況 （2019年）	設置 運営	設置 検討中	参加	未検討
都道府県 （n=43）	100.0%	0.0%	4.7%	0.0%
政令指定都市 （n=19）	52.6%	10.5%	73.7%	5.3%
中核市 （n=45）	13.3%	4.4%	80.0%	13.3%
東京特別区 （n=16）	56.3%	18.8%	12.5%	25.0%
その他市町 （n=17）	52.9%	0.0%	47.1%	5.9%
合計 （n=140）	55.0%	5.0%	44.3%	8.6%

出典：文1）

（2）居住支援協議会の位置づけや体制

①居住支援協議会の位置づけ（インタビュー調査）

　居住支援協議会の実際の運営については、行政による直営や外部機関への委託、外部機関主体等、独立した運営を実施している例が多い。しかし、既存の協議会の一部に位置付けている例もある。たとえば、地域住宅協議会のような県等内の公的住宅を供給する機関による協議会や、空き家の利活用やリフォーム促進等に向けた民間建設業・不動産業との協議体制等の一部に「居住支援」を組み込み、民間住宅市場との連携を軸とした協議体制の構築を行っている例がある。

　さらに、地方自治体独自の取組み方として、新たな住宅セーフティネット制度創設前から、民間賃貸住宅への入居支援の施策体系を有している市区もあり、相談体制や不動産事業者・居住支援団体等とのネットワークを有し、実績を積み重ねている地方自治体もある。

　一方、これまで民間賃貸住宅政策への取組みが少なかった地方自治体では、庁内の協議の体制整備や計画策定等を通じた関係構築等から着手する必要があり、その際、協議を目的とした「協議体」よりも事業実施のための「事業体」として居住支援協議会を設立する動きが一部の地方自治体（市区町村）である。

居住支援協議会の位置づけ例

・既存の地域住宅協議会やリフォーム推進協議会等の部会の一つとして居住支援協議会を位置づけている。（関東大都市圏・その他/都道府県）
・居住支援協議会は未設置だが県等協議会のワーキンググループとして住宅部局・福祉部局・民間団体等と協議している。（その他都市圏/政令指定都市）
・住宅供給公社等が実施する相談事業体制を活用し、居住支援協議会の事業を行う。（関東大都市圏・近畿大都市圏/都道府県・政令指定都市）
・すでに社会福祉協議会が民間賃貸住宅の入居支援の活動を行っており、行政と連携することで、より安定した活動として実施できるため、働きかけて居住支援協議会を設立した。（近畿大都市圏・中核市）

---

②居住支援協議会の体制

　居住支援協議会を設置運営する自治体・住宅部局のアンケート調査結果より、居住支援協議会の体制についてみる（2017調査 n=58、2019調査 n=77）。

1）居住支援協議会の構成・体制

　2019調査における居住支援協議会の構成メンバーをみると、自治体・住宅部局はほぼすべて参加し、自治体・福祉部局の参加も合計94.8%と、2017調査の79.3%より増加しているが、その内訳を表4−3でみると、県等居住支援協議会に市等福祉部局が参加しているのは58.5%と、市等居住支援協議会に比べ低率である。これら参加している市等福祉部局の内訳をみると、「高齢福祉担当」59.3%、「生活保護・困窮担当」46.3%、「障害福祉担当」44.4%の順に多く、都道府県以外は複数の福祉部局が参加している。また、不動産団体では、「4.全国宅地建物取引業協会」や「5.全日本不動産協会」は中小の市等協議会にも参加しているが、それ以外の団体は都道府県・政令指定都市に限られる。さらに、サービス関連等事業者・団体としては、「13.社会福祉協議会」が最も多いが、東京特別区やその他市町の居住支援協議会では「NPO団体」の参加もあり、

現場の実態を反映しやすい体制を構築する例が生まれている。

表4-2　居住支援協議会の構成・内訳 ＜複数回答＞ （2019調査）

居住支援協議会構成 (2019)	行政			不動産団体					住宅関連機関			
	1. 自治体・住宅部局	2. 自治体・福祉部局	3. その他、自治体関連部局	4. 全国宅地建物取引業協会	5. 全日本不動産協会	6. 日本賃貸住宅管理協会	7. 全国賃貸住宅経営者協会	8. 不動産流通経営協会	9. 住宅供給公社	10. 都市再生機構（UR）	11. 高齢者住宅財団	12. 住替え支援機構
都道府県 (n=43)	100.0%	95.3%	46.5%	100.0%	95.3%	69.8%	46.5%	14.0%	32.6%	16.3%	9.3%	0.0%
政令指定市 (n=10)	100.0%	100.0%	50.0%	90.0%	100.0%	50.0%	30.0%	0.0%	60.0%	20.0%	20.0%	0.0%
中核市 (n=6)	83.3%	83.3%	16.7%	83.3%	83.3%	0.0%	0.0%	0.0%	16.7%	16.7%	0.0%	0.0%
東京特別区 (n=9)	100.0%	100.0%	55.6%	100.0%	88.9%	0.0%	0.0%	0.0%	11.1%	0.0%	0.0%	0.0%
その他市町 (n=9)	100.0%	88.9%	33.3%	77.8%	44.4%	0.0%	0.0%	0.0%	11.1%	22.2%	11.1%	11.1%
合計 (n=77)	98.7%	94.8%	44.2%	94.8%	88.3%	45.5%	29.9%	0.0%	29.9%	15.6%	9.1%	1.3%

居住支援協議会構成 (2019)	サービス関連等事業者					その他	
	13. 社会福祉協議会	14. 社会福祉法人	15. NPO団体	16. 家賃債務保証会社	17. 居住支援サービス提供業者	18. 住宅・建築関連団体等	19. その他
都道府県 (n=43)	97.7%	23.3%	46.5%	2.3%	27.9%	25.6%	44.2%
政令指定市 (n=10)	90.0%	40.0%	40.0%	20.0%	50.0%	10.0%	40.0%
中核市 (n=6)	83.3%	16.7%	0.0%	0.0%	0.0%	0.0%	66.7%
東京特別区 (n=9)	100.0%	0.0%	44.4%	0.0%	11.1%	11.1%	33.3%
その他市町 (n=9)	88.9%	22.2%	33.3%	0.0%	11.1%	22.2%	44.4%
合計 (n=77)	94.8%	22.1%	40.3%	3.9%	24.7%	19.5%	44.2%

出典：文1）

表4-3　自治体福祉部局内訳＜複数回答＞（2019調査）

自治体福祉部局内訳（2019）	1.都道府県	2.市区町村
都道府県（n=41）	95.1%	58.5%
政令指定市（n=10）	0.0%	100.0%
中核市（n=5）	0.0%	100.0%
東京特別区（n=9）	0.0%	88.9%
その他市町（n=8）	0.0%	87.5%
合計（n=73）	53.4%	74.0%

出典：文1）

表4-4　市等福祉部局の主担当＜複数回答＞（2019調査）

福祉部局・市区町村主担当（2019）	1.生活保護・困窮担当	2.高齢福祉担当	3.障害福祉担当	4.福祉企画総務	5.その他
都道府県（n=23）	29.2%	37.5%	25.0%	16.7%	25.0%
政令指定市（n=4）	50.0%	80.0%	50.0%	20.0%	60.0%
中核市（n=4）	80.0%	80.0%	40.0%	60.0%	20.0%
東京特別区（n=5）	62.5%	75.0%	87.5%	50.0%	12.5%
その他市町（n=6）	57.1%	71.4%	57.1%	42.9%	42.9%
合計（n=42）	46.3%	59.3%	44.4%	29.6%	31.5%

出典：文1）

　さらに、自治体インタビュー調査をもとに、居住支援協議会の体制について
みると、大都市圏の一部の県等では、住宅・福祉両部局の企画系・事業系が複
数で担当するような例もあるが、多くは、県等住宅部局が県等福祉部局との事
業実施面での連携に苦慮しており、社会福祉協議会等の外部の団体の協力を得
ながら体制づくりを進める例もある。また、政令指定都市の中には、福祉施策
との一体性を高め、連携を図る例もある。

居住支援協議会の体制の例

・住宅セーフティネット政策は住宅・福祉部局とも企画系・事業系の複数の課が担当し
ている。（関東大都市圏/都道府県）
・県等の福祉部局とは計画策定では連携できるが、居住支援については難しい。（関東
大都市圏・近畿大都市圏/その他都市圏・都道府県）
・居住支援協議会とは別に、庁内の住宅・福祉部局等による協議の場を設け、関係各部
局の協力を得るための体制づくりを行っている。（近畿大都市圏・その他/都道府県・
中核市）
・居住支援協議会で連携する福祉団体として、行政や地域、民間等との関係を考慮して、
社会福祉協議会に協力してもらっている。（多数）
・全市で展開している地域包括ケアシステムや見守り体制の活用を進め、区役所福祉窓
口との連携を進めている。（関東大都市圏・その他都市圏/政令指定都市）

2）居住支援協議会の企画・運営主体

つぎに、居住支援協議会の設置状況別に実態をみる。

まず、居住支援協議会の企画・運営主体についてみると、設置（都道府県）、設置（市区町）ともに「企画・運営共に自治体直営」が2/3を占めている。ついで設置（都道府県）では「外部機関」18.6％が、設置（市区町）は「自治体と外部機関共同」11.8％がそれぞれ多い。

また、居住支援法人の協議会への参加方法をみると、設置（都道府県）では「全居住支援法人が参加」が51.2％に対し、設置（市区町）は14.7％と少なく、「居住支援法人・団体は参加しない」が32.4％を占めている。

このように居住支援協議会の企画・運営等については、県等の方が居住支援法人[1]を含む外部機関の参画が進んでいる。

表4-5　居住支援協議会の企画・運営主体（2019調査）

居住支援協議会の企画・運営主体(2019)	企画・運営共に自治体直営	企画は自治体、運営は委託	企画運営は外部機関	企画・運営は自治体と外部機関共同	その他	不明
設置（都道府県）(n=43)	65.1%	7.0%	18.6%	2.3%	4.7%	2.3%
設置（市区町）(n=34)	64.7%	5.9%	8.8%	11.8%	2.9%	5.9%
設置（合計）(n=77)	64.9%	6.5%	14.3%	6.5%	3.9%	3.9%

出典：文1）

表4-6　居住支援法人の協議会への参加方法（2019調査）

居住支援法人の協議会への参加方法(2019)	全居住支援法人が参加	居住支援法人を組織化し、その代表のみ参加	その他、一部居住支援法人のみ参加	居住支援法人は不参加だが別の居住支援団体が参加	居住支援法人・団体は参加しない	その他
設置（都道府県）(n=43)	51.2%	2.3%	9.3%	0.0%	20.9%	11.6%
設置（市区町）(n=34)	14.7%	2.9%	17.6%	8.8%	32.4%	14.7%
設置（合計）(n=77)	35.1%	2.6%	13.0%	3.9%	26.0%	13.0%

出典：文1）

1　居住支援法人とは、住宅セーフティネット法の「住宅確保要配慮者居住支援法人」のことであり、住宅確保要配慮者の民間賃貸住宅への円滑な入居の促進を図るため、住宅確保要配慮者に対し家賃債務保証の提供、賃貸住宅への入居に係る住宅情報の提供・相談、見守りなどの生活支援等を実施する法人として都道府県が指定するものである。2021年10月末時点に全国に469法人が指定されている。

（3）居住支援協議会の取組み内容と連携

①取組み内容

　つぎに、居住支援協議会の設置状況別に実施されている取組みについてみる。

　アンケート調査によると、「登録住宅に関する情報提供」「一般的な情報提供・広報」「住宅確保要配慮者の個別相談」「物件・紹介・マッチング」等は半数程度以上の地方自治体で実施されているが、居住支援協議会の設置の有無により、その実施状況には差がみられる。特に、普及啓発、相談対応、サービスの提供等に関する取組みは、居住支援協議会を設置する地方自治体で実施が進んでいる。しかし、「登録住宅に関する情報提供」等は差は大きくなく、居住支援協議会を設置していない地方自治体でも広く取組まれている。

表4-7　住宅確保要配慮者の民間賃貸住宅入居促進に向けた取組み実施状況

<複数回答>（2019調査）

■70%以上　■50%以上

住宅確保要配慮者の民間賃貸住宅入居促進に向けた取組み (2019)	普及啓発		相談対応		情報提供			サービス提供				資金援助		調査	
	住宅確保要配慮者に向けた普及啓発	・一般的な情報提供・広報	住宅確保要配慮者の個別相談	物件紹介・マッチング	登録住宅に関する情報提供	協力不動産店に関する情報提供	居住支援団体等の情報提供	居住支援サービス提供	入居後の居住支援	保証人・家賃債務保証制度の紹介	居住支援団体の活動	住宅の改修費・家賃低廉化への補助	入居者への家賃債務保証料の補助	民間賃貸住宅市場に関する調査実施	居住支援団体に関する調査実施
設置 (都道府県) (n=43)	60.5%	76.7%	65.1%	67.4%	93.0%	53.5%	55.8%	55.8%	32.6%	20.9%	23.3%	9.3%	14.0%	7.0%	
設置 (市区町) (n=34)	44.1%	67.6%	50.0%	64.7%	52.9%	47.1%	32.4%	35.3%	38.2%	11.8%	32.4%	26.5%	20.6%	14.7%	
参加 (n=53)	9.4%	52.8%	39.6%	24.5%	73.6%	28.3%	22.6%	17.0%	15.1%	3.8%	11.3%	5.7%	3.8%	3.8%	
未検討 (n=10)	10.0%	40.0%	20.0%	30.0%	60.0%	20.0%	10.0%	20.0%	20.0%	0.0%	20.0%	20.0%	0.0%	0.0%	
合計 (n=140)	33.6%	62.9%	48.6%	47.9%	73.6%	40.0%	34.3%	33.6%	26.4%	10.7%	20.7%	12.9%	10.7%	7.1%	

出典：文1）

②各取組みにおける連携

　代表的な取組みにおける各部局・機関の連携状況について、自治体アンケート調査および、自治体インタビュー調査により把握する。

1）相談対応

　住宅確保要配慮者に対する相談事業の実施方法は多岐にわたっている。

　このうち、住宅確保要配慮者の個別の条件等に関する相談の実施方法は、

「1.居住支援協議会が窓口を常設」が設置（都道府県）、設置（市区町）ともに3割程度あるが、「5.行政の窓口で対応」がそれを上回って多い。また、設置（都道府県）は「3.居住支援法人が実施」が6割、「4.その他居住支援団体が実施」が2割と多く、外部機関による相談事業の実施が多い。

表4-8　個別条件に関する相談の実施方法 ＜複数回答＞（2019調査）

個別の条件に関する相談の実施方法(2019)	1.居住支援協議会が窓口を常設	2.居住支援協議会が相談会を実施	3.居住支援法人が実施	4.その他居住支援団体が実施	5.行政（担当部局）の窓口で対応	6.特に実施していない	7.その他
設置（都道府県）(n=43)	30.2%	14.0%	60.5%	20.9%	41.9%	11.6%	7.0%
設置（市区町）(n=34)	32.4%	23.5%	14.7%	0.0%	38.2%	11.8%	0.0%
設置（合計）(n=77)	31.2%	18.2%	40.3%	11.7%	40.3%	11.7%	3.9%

出典：文1）

　さらに、都道府県における個別相談について、県等住宅部局からみた市等福祉部局との連携方法をみると、個別相談実施・検討中の県等は「4.必要に応じて適宜協議」が50.0%、「1.直接、協議・連携する機会がある」も45.0%と個別相談を実施していない県等より協議できる連携関係を有している比率が高い。

表4-9　個別相談実施状況別 県等住宅部局と市等福祉部局の連携
＜都道府県：複数回答＞（2017調査）

都道府県：市区町村福祉部局との連携(2017)	1.市町村福祉部局と直接、協議・連携する機会がある	2.都道府県福祉部局を通じて、協議等する機会がある	3.協議するためのルールや窓口を設定している	4.必要に応じて適宜協議している	5.特に協議や情報交流は行っていない	6.その他
個別相談実施・検討中 (n=20)	45.0%	0.0%	0.0%	50.0%	15.0%	0.0%
それ以外 (n=23)	13.0%	4.3%	0.0%	30.4%	34.8%	17.4%
合計 (n=43)	27.9%	2.3%	0.0%	39.5%	25.6%	9.3%

出典：文2）

　つぎに、個別相談を実施している県等の居住支援協議会の体制をみると、「13.社会福祉協議会」88.9%、「15.NPO団体」44.4%の他、「14.社会福祉法人」「17.生活支援サービス提供業者」等が個別相談検討中や未実施の県等より構成員として多く挙がっている。個別相談においては、市等福祉部局ともに、これら居住支援団体が協議会の構成員として参加し、情報共有・意見交換することが有効であると思われる。

　インタビュー調査においても、「居住支援団体と連携した被災者支援策を一

般施策に活用している」等があり、明確なニーズ把握・課題認識がある場合、民間の居住支援団体との連携も具体化しやすいものと思われる。

表4-10　個別相談実施状況別　居住支援協議会構成（抜粋）

<都道府県：複数回答>（2017調査）

都道府県：居住支援協議会構成（抜粋）(2017)	自治体 福祉部局	不動産団体			居住支援団体					その他
		全国宅地建物取引業協会	全日本不動産協会	日本賃貸住宅管理協会	社会福祉協議会	社会福祉法人	NPO団体	家賃債務保証会社	生活支援サービス提供業者	
個別相談実施 (n=18)	77.8%	100.0%	100.0%	66.7%	88.9%	11.1%	44.4%	0.0%	11.1%	38.9%
個別相談検討中 (n=2)	100.0%	100.0%	100.0%	50.0%	100.0%	0.0%	0.0%	0.0%	0.0%	0.0%
その他 (n=23)	87.0%	100.0%	91.3%	60.9%	69.6%	4.3%	13.0%	4.3%	4.3%	17.4%
合計 (n=43)	83.7%	100.0%	95.3%	62.8%	79.1%	7.0%	25.6%	2.3%	7.0%	25.6%

出典：文2）

　さらに、個別相談や物件紹介・マッチングの実施主体や連携相手についてみると、実施主体はいずれも「居住支援協議会」が多いが、設置（都道府県）では「民間団体等」も4～5割程度を占めている。また、居住支援協議会は設置せず、参加のみで取組んでいる市等では5～6割が「自治体・住宅」主体となっている。さらに、連携相手をみると、設置（都道府県）は「連携なし」が多く、居住支援協議会や民間団体等単独の実施が多い。一方、設置（市区町）は外部機関との連携も一定比率ある。

表4-11　住宅確保要配慮者に対応した個別相談の実施主体・連携相手

<複数回答>（2019調査）

住宅確保要配慮者に対応した個別相談 (2019)	実施自治体数合計	実施主体					連携相手			
		居住支援協議会	自治体・住宅	自治体・福祉	両方	民間団体等	連携なし	住宅部局	外部機関	その他
設置（都道府県）	28	46.4%	10.7%	3.6%	3.6%	39.3%	28.6%	0.0%	7.1%	3.6%
設置（市区町）	17	76.5%	11.8%	5.9%	0.0%	5.9%	11.8%	0.0%	23.5%	5.9%
参加	21	23.8%	61.9%	0.0%	9.5%	14.3%	14.3%	0.0%	4.8%	4.8%
未設置・未検討	2	0.0%	50.0%	0.0%	0.0%	50.0%	0.0%	50.0%	0.0%	0.0%
合計	68	45.6%	27.9%	2.9%	4.4%	23.5%	19.1%	1.5%	10.3%	4.4%

注）名称の記述のあったもののみ集計しているため合計は100％にならない。

表4-12　物件紹介・マッチングの実施主体・連携相手

<複数回答>（2019調査）

物件紹介・マッチング (2019)	実施自治体数合計	実施主体					連携相手				
		居住支援協議会	自治体・住宅	自治体・福祉	両課	民間団体等	連携なし	住宅部局	福祉部局	外部機関	その他
設置（都道府県）	29	48.3%	0.0%	0.0%	0.0%	48.3%	24.1%	0.0%	0.0%	13.8%	3.4%
設置（市区町）	22	77.3%	18.2%	4.5%	0.0%	4.5%	4.5%	0.0%	4.5%	31.8%	0.0%
参加	13	23.1%	53.8%	0.0%	0.0%	30.8%	15.4%	0.0%	0.0%	0.0%	7.7%
未検討	3	0.0%	0.0%	33.3%	33.3%	33.3%	0.0%	33.3%	0.0%	33.3%	0.0%
合計	67	50.7%	16.4%	3.0%	1.5%	29.9%	14.9%	1.5%	1.5%	17.9%	3.0%

注）名称の記述のあったもののみ集計しているため合計は100%にならない。

　こうした取組みをインタビュー調査で詳細にみると、従来の住宅相談システムや生活困窮者自立相談支援に関連付けて早期に相談体制を構築している事例もある。また、県等と市等の役割に応じた分担や、居住支援法人等の民間事業者等との連携等の工夫を行う地方自治体もあり、対応の方法は多様である。

> **住宅確保要配慮者の個別相談の例**
>
> ・これまでの住宅相談体制の一部に組み込んで実施（近畿大都市圏/政令指定都市）
> ・公営住宅の募集に関する相談業務と一体的に相談を受け付ける（東京特別区）
> ・居住支援協議会や低所得高齢者の相談等、複数の窓口を有して個別相談を実施（近畿大都市圏/政令指定都市）
> ・生活困窮者自立相談支援と連携し、様々な支援メニューを同時に検討（近畿大都市圏・その他都市圏/政令指定都市・中核市の社会福祉協議会）
> ・県等は後方支援に徹して、個別相談は市等が実施（関東大都市圏/都道府県）
> ・県等の居住支援協議会の相談員と市等の支援体制の連携（その他地方圏/都道府県）
> ・居住支援法人を介し、市等と連携した相談体制づくりをめざす（近畿大都市圏/都道府県）

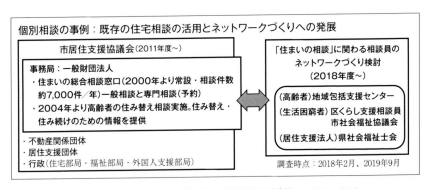

図4-1　個別相談の事例：住宅相談窓口の活用　　出典：文3）

個別相談の事例：民間団体との多面的な連携による相談・対応

市居住支援協議会（2017年度～）

事務局：市社会福祉協議会
・相談窓口（住まいるサポート）における住宅を借りたい人の相談対応
・電話相談・窓口相談（面談）
・物件情報の提供（後日：不動産店からの情報提供）→物件の内覧・契約の説明
・基本サービスの利用申請（社協・一般施策活用）：緊急通報・見守りサービス等
・契約締結・サービス利用決定　→入居

・宅地建物取引業団体・生活困窮者自立支援機関等の居住支援団体・建築士関係団体・学識経験者、行政（建築部・健康・高齢福祉部・福祉サービス部）

調査時点：2018年３月

図４−２　個別相談の事例：社会福祉協議会による相談窓口設置　出典：文３）

2）登録住宅に関する情報提供

取組みの中で最も実施率が高い入居を拒まない賃貸住宅の登録やその情報提供については、居住支援協議会を設置した県等だけでなく、居住支援協議会に参加のみの市区町でも取組みが多く、逆に居住支援協議会を有する市等で実施率が低い傾向がある（表４−７）。

実施主体や連携相手をみると、登録住宅に関する情報提供は、「居住支援協議会」よりも「自治体・住宅部局」が実施主体になる比率が高いが、協力不動産店[2]に関する情報は、「居住支援協議会」の方が高い。いずれも「自治体・福祉部局」の関与は少なく、住宅部局の役割が大きい。

一方、こうした情報を居住支援協議会等が相談対応時に利用するには有効な物件数が限られていることが問題として指摘されている。これは、セーフティネット住宅の登録要件に適合する民間賃貸住宅の少なさや、家賃補助や改修費補助等の経済的支援を受けるための「専用」条件[3]が阻害要因になると考えられているためで、住戸面積の基準は地方自治体の賃貸住宅供給促進計画に基づ

2 協力不動産店とは、住宅確保要配慮者が住まい探しを行う際に協力する不動産仲介事業者等のことである。「あんしん賃貸支援事業（2006～2010年度）」の事業協力店として登録され、当該事業の廃止後も自治体独自の事業として継続されている例が多い。
3 新たな住宅セーフティネット制度において、住宅の改修費の補助や入居者負担の軽減等の国の補助対象となるのは「住宅確保要配慮者専用住宅」として登録されたものに限るとされている。

き定めることが可能だが、耐震基準に関しては緩和規定がなく、希望家賃を考慮すると登録・利用できる住宅が限られることが要因と考えられる。

表4-13　登録住宅に関する情報提供の実施主体・連携相手

<複数回答>（2019調査）

登録住宅に関する情報提供(2019)	実施自治体数合計	実施主体				連携相手					
		居住支援協議会	自治体・住宅	自治体・福祉	民間団体等	連携なし	住宅部局	外部機関	他の行政	協議会等	その他
設置（都道府県）	40	37.5%	62.5%	0.0%	0.0%	52.5%	2.5%	7.5%	2.5%	0.0%	7.5%
設置（市区町）	18	16.7%	77.8%	0.0%	0.0%	22.2%	5.6%	5.6%	0.0%	0.0%	16.7%
参加	39	12.8%	84.6%	0.0%	0.0%	38.5%	2.6%	2.6%	0.0%	2.6%	2.6%
未検討	6	16.7%	50.0%	0.0%	16.7%	16.7%	0.0%	0.0%	0.0%	0.0%	0.0%
合計	103	23.3%	72.8%	0.0%	1.0%	39.8%	2.9%	4.9%	1.0%	1.0%	6.8%

注）名称の記述のあったもののみ集計しているため合計は100％にならない。

　これを補完するものとして、これまので民間賃貸住宅入居支援策を活用し、複数の取組みを行っている地方自治体もある。たとえば協力不動産店の登録情報を公開する独自の取組みを行っているのは、居住支援協議会設置自治体の5割程度あるが、居住支援協議会を設置していない市区町でも3割弱が取組んでいる（表4-7参照）。その実施主体をみると、登録住宅の情報提供に関する取組みに比べると「居住支援協議会」が多く、同じ「入居できる住宅を探す」目的の取組みであっても実施主体・連携相手が異なっている。

表4-14　協力不動産店に関する情報提供の実施主体・連携相手

<複数回答>（2019調査）

協力不動産店に関する情報提供(2019)	実施自治体数合計	実施主体				連携相手			
		居住支援協議会	自治体・住宅	自治体・福祉	民間団体等	連携なし	住宅部局	外部機関	その他
設置（都道府県）	23	69.6%	26.1%	0.0%	4.3%	43.5%	4.3%	8.7%	4.3%
設置（市区町）	16	56.3%	31.3%	6.3%	6.3%	25.0%	12.5%	6.3%	0.0%
参加	15	33.3%	53.3%	0.0%	6.7%	6.7%	0.0%	6.7%	6.7%
未検討	2	50.0%	50.0%	0.0%	0.0%	0.0%	50.0%	50.0%	0.0%
合計	56	55.4%	35.7%	1.8%	5.4%	26.8%	7.1%	8.9%	3.6%

注）名称の記述のあったもののみ集計しているため合計は100％にならない。

　具体的な取組みをみると、協力不動産店等の不動産業界と行政の関係性を継続することで、新たなセーフティネット住宅に関する情報提供を行ったり、引き続き相談事業・物件紹介等を可能にしたりしている。こうした連携は、住宅確保要配慮者の住まいを探す上で有効との意見も多い。また、空き家の利活用施策に連動し、空き家バンクの活用等を行う例もある。

　こうしたことから、住宅に関する情報提供は、不動産業界との連携がポイントとなっている。

実施施策の例：登録住宅に関する情報提供

・前制度の「あんしん賃貸支援事業」を引き継ぎ、それを基盤とした住宅や協力不動産店の登録を行い、活用している。(関東大都市圏・近畿大都市圏・その他大都市圏・その他/都道府県)

・協力不動産店との意見交換会を継続している。(その他大都市圏/都道府県)

・地方自治体独自の空き家バンクを活用している。(東京特別区)

・協力不動産店を職員が訪問して、説明や意見交換を行っている。(東京特別区) 等

3）入居後の居住支援サービス

アンケート調査では、居住支援協議会を設置（都道府県）の5割強、設置（市区町）の3割強が入居後の居住支援サービスを提供しており、居住支援協議会を設置していない地方自治体に比べ実施率は高く、協議会の効果が認められる（表4-7）。

その実施主体をみると、県等では居住支援法人等を含む「民間団体等」が大多数を占め、「自治体・福祉」は0％となっている。また、連携相手も「なし」が多いことから、居住支援法人等の民間団体等に全面的に委ねているものと思われる。一方、設置（市区町）では、県等とは実施体制が全く異なっており、実施主体が「居住支援協議会」となっている地方自治体が3/4を占めると共に、「自治体・福祉」も1/4を占めている（複数回答）。

こうしたサービス提供の方法を実施例からみると、個別相談や物件紹介等、入居前から調整を行い、入居時の条件としてセットで入居後のサービスを提供する方法をとっている例が生まれている。こうしたことは、賃貸人の理解を得て入居を円滑にするための方策の一つともなっていると思われる。入居後のサービスの利用状況やその効果等を継続して調査していく必要がある。

表4-15　入居後の居住支援サービス提供の実施主体・連携相手

〈複数回答〉（2019調査）

入居後の居住支援サービス提供(2019)	実施自治体数合計	実施主体				連携相手					
		居住支援協議会	自治体・住宅	自治体・福祉	民間団体等	連携なし	住宅部局	福祉部局	外部機関	他の行政	協議会等
設置（都道府県）	24	12.5%	0.0%	0.0%	91.7%	25.0%	0.0%	4.2%	12.5%	4.2%	4.2%
設置（市区町）	12	75.0%	8.3%	25.0%	16.7%	8.3%	0.0%	0.0%	8.3%	0.0%	0.0%
参加	9	11.1%	22.2%	11.1%	55.6%	11.1%	0.0%	11.1%	55.6%	0.0%	11.1%
未検討	2	0.0%	50.0%	0.0%	50.0%	0.0%	50.0%	0.0%	50.0%	0.0%	0.0%
合計	47	27.7%	8.5%	8.5%	63.8%	17.0%	2.1%	2.1%	23.4%	2.1%	4.3%

注）名称の記述のあったもののみ集計しているため合計は100％にならない。

実施施策の例：入居後の居住支援サービス

・住宅を借りたい人への物件の紹介後、入居に際しては「基本サービス（市や市社協が提供するサービス（一部有償））の利用を原則としている。（関東大都市圏/中核市）

・個別相談の際に、生活再建から必要な人に対しては生活困窮者自立支援の制度利用を図ったり、必要に応じて「居住支援サービス（有償）」を紹介したりして、物件紹介を行っている。（近畿大都市圏/中核市）

・市社会福祉協議会が中心となり、公民の事業主体と連携し、プラットフォームを形成し、そのサービスを利用しやすくしている（その他大都市圏/政令指定都市）

・県社会福祉協議会の家賃債務保証の取組みを市等に展開する際に、社会福祉協議会のネットワークを活用した入居者の見守りなどのサービスを提供（その他地方圏/都道府県・市町村）

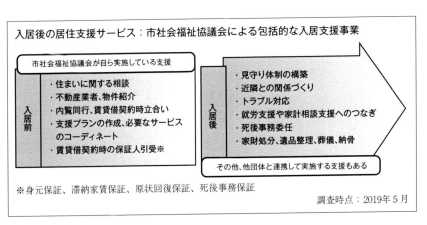

図4-3　入居後の居住支援サービスの事例　　出典：文3）

4）資金援助

　住宅セーフティネット法に位置づく登録住宅（専用住宅）への「改修費、家賃」や「家賃債務保証料」の経済的支援（補助）については、市等の判断に委ねられるため、財政負担を懸念し、全般的に実施率が低く、改修費や家賃債務保証料の初期費用のみ補助する地方自治体が少数ある程度である（表4-7）。

　その実施主体をみると、「自治体・住宅部局」がいずれも9割以上を占めており、居住支援協議会の設置有無との関係性は弱い。

表4-16　住宅改修費や家賃補助の実施主体・連携相手

<複数回答>（2019調査）

住宅改修費・家賃補助 (2019)	実施自治体数合計	実施主体			連携相手		
		居住支援協議会	自治体・住宅	民間団体等	連携なし	外部機関	他の行政
設置（都道府県）	10	0.0%	90.0%	10.0%	20.0%	0.0%	40.0%
設置（市区町）	11	0.0%	100.0%	0.0%	27.3%	0.0%	0.0%
参加	6	16.7%	83.3%	0.0%	50.0%	0.0%	0.0%
未検討	2	0.0%	100.0%	0.0%	0.0%	50.0%	0.0%
合計	29	3.4%	93.1%	3.4%	27.6%	3.4%	13.8%

注）名称の記述のあったもののみ集計しているため合計は100%にならない。

表4-17　家賃債務保証料補助の実施主体・連携相手

<複数回答>（2019調査）

家賃債務保証料の補助 (2019)	実施自治体数合計	実施主体			連携相手				
		居住支援協議会	自治体・住宅	民間団体等	連携なし	福祉部局	外部機関	他の行政	その他
設置（都道府県）	4	0.0%	100.0%	0.0%	0.0%	0.0%	0.0%	50.0%	0.0%
設置（市区町）	9	0.0%	100.0%	0.0%	0.0%	0.0%	11.1%	0.0%	11.1%
参加	3	0.0%	66.7%	33.3%	33.3%	0.0%	0.0%	0.0%	0.0%
未検討	2	0.0%	100.0%	0.0%	0.0%	0.0%	50.0%	0.0%	0.0%
合計	18	0.0%	94.4%	5.6%	5.6%	0.0%	11.1%	11.1%	5.6%

注）名称の記述のあったもののみ集計しているため合計は100%にならない。

　しかし、これまでの地域優良賃貸住宅[4]の実績がある地方自治体では、「家賃補助付き」をうたい、セーフティネット住宅の登録増加につなげようとしている例があったり、自治体独自の既存の家賃保証料や住替え家賃の助成等を活用したりする例もある。これらのように、当該自治体のそれまでの政策・施策が影響する傾向があり、民間賃貸住宅政策の着手が進んでいない地方自治体では国による一部支援があるにも関わらず、資金援助を実施する例は少数にとどまっている。

実施施策の例：資金援助

・地域優良賃貸住宅（高優賃）の家賃補助を継続しているため、その代替として家賃補助を実施している。（関東大都市圏/政令指定都市）

・後年度の財政負担への懸念、より低所得者の入居を誘導してしまうことへの懸念（公営住宅との役割分担）から家賃低廉化事業は限定的である。（関東大都市圏/政令指定都市、その他多数）

・既存の家賃債務保証料の助成や住替え家賃助成などを継続活用している。（東京特別区）

4　地域優良賃貸住宅とは、国の「地域優良賃貸住宅制度要綱」に基づき、高齢者世帯、障害者世帯、子育て世帯等各地域における居住の安定に特に配慮が必要な世帯の居住の用に供する居住環境が良好な民間事業主体等が建設する賃貸住宅のことである。供給を促進するため、賃貸住宅の整備等に要する費用に対する助成や家賃の減額に対する助成が行われる。

5）調査等

　以上のような取組みを的確に実施するためには、住宅確保要配慮者や貸主・不動産事業者等のニーズを把握することが必要であり、居住支援協議会を設置した初期に協議会の事業として、アンケート調査等の実態調査を実施している地方自治体は一定数ある。また、住宅マスタープラン等の計画策定にあわせて実施する例もある。

　しかし、貸主への直接の調査や居住支援団体等の実態を把握している地方自治体は少数であり（表4−7）、施策効果等の把握も進んでいない。

　しかし、このような実態調査を住宅セーフティネット制度の広報活動の一つとして実施したり、住宅・福祉部局連携で実施したりする等により、有効に実施・活用することが求められる。

> **実施施策の例：調査等**
> ・県民調査を活用したニーズ調査や相談窓口からの情報提供から実態を把握している。（関東大都市圏/都道府県）
> ・不動産団体や福祉部局にアンケート調査やインタビュー調査を実施している。（近畿大都市圏・その他/都道府県）
> ・庁内の各種調査を活用したニーズ把握の他、民間住宅の家賃負担等は住宅部局独自に調査を実施している。（関東大都市圏/中核市）
> ・住宅マスタープラン等の計画策定にあわせ、民間賃貸住宅オーナーや不動産業者へのアンケート調査を実施した。（近畿大都市圏/政令指定都市・中核市）

③まとめ

　以上のように、居住支援協議会を中心とした各種取組みの実態をみると、それぞれの位置づけ、実施主体や連携相手が必ずしも一元化されているわけではないことがわかる。たとえば、取組みのうち、個別相談や入居後のサービス提供は、市等では居住支援協議会が主体となり、かつ連携相手が多いのに対し、県等では居住支援法人等の民間・単独実施が多い。また、住宅情報については制度としての登録住宅の情報提供は行政・住宅部局が、そうではない独自の協力不動産店の情報提供（旧制度の活用）は居住支援協議会が担うことが多い。資金援助については行政・住宅部局が単独で行っていること等、住宅セーフティネット政策が複数の取組みから構成され、それに対応した対応体制が構築されていることが明らかとなった。

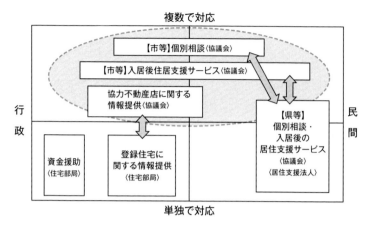

図4-4　各取組みの実施主体と連携の広がり

注)〈　〉内は実施主体として最多のもの。連携相手が多いものは横幅が広い

4-2.「協議会型アプローチ」としての居住支援協議会の効果や課題

　前述のように、行政内外の各部署・機関・団体等による「協議会型アプローチ」としての居住支援協議会の効果や今後の課題について考察する。

(1) 居住支援協議会による住宅・福祉連携の効果

　居住支援協議会を設置することによる住宅・福祉連携の効果について、居住支援協議会の設置状況別に自治体住宅部局と行政内の保健福祉部局等の連携方法をみる。「設置（都道府県）」「設置（市区町）」は、「2.居住支援協議会において協議」が約9割で最多となっている。一方、「参加」の地方自治体は、「2.居住支援協議会において協議」や「5.6.計画策定への参加」等の比率は低いが、「7.必要に応じて適宜協議」や「1.複数部局で協議する組織あり」等は設置市等よりやや高率となっており、居住支援協議会を設置していなくても、それ以外の方法で連携を図っている市等も多い。しかし、「未検討」は「8.特に協議や情報交流は行っていない」が3割あることから、居住支援協議会への参加や設置が行政内他部局との協議を誘発する効果を有しているものと思われる。

表 4-18　保健福祉部局等との連携方法（行政内）

<住宅部局：複数回答>（2019調査）

保健福祉部局等との連携方法（行政内の連携）(2019)	1.複数部局で協議する組織あり	2.居住支援協議会において協議	3.その他、定期的に協議する機会	4.協議するためのルールや窓口を設定	5.住宅関連委員会などに参加を要請	6.福祉部局等の委員会に参加	7.必要に応じて適宜協議している	8.特に協議や情報交流は行っていない	9.その他	「協議あり」の平均種類数
設置（都道府県）(n=43)	9.3%	86.0%	9.3%	0.0%	25.6%	30.2%	60.5%	0.0%	4.7%	2.26
設置（市区町）(n=34)	2.9%	91.2%	11.8%	0.0%	32.4%	29.4%	58.8%	0.0%	0.0%	2.26
参加（n=53）	11.3%	26.4%	13.2%	0.0%	13.2%	13.2%	69.8%	9.4%	1.9%	1.65
未検討（n=10）	10.0%	0.0%	0.0%	0.0%	20.0%	20.0%	50.0%	30.0%	0.0%	1.43
合計（n=140）	8.6%	58.6%	10.7%	0.0%	22.1%	22.9%	62.9%	5.7%	2.1%	1.99

出典：文1）

　つぎに、自治体・住宅部局と行政外の保健福祉等の機関や団体との連携方法をみると、居住支援協議会を設置する地方自治体のほとんどが「1.居住支援協議会において情報共有」を挙げており、居住支援協議会は行政外の民間事業者等との貴重な連携の場となっている。また、「参加」の地方自治体においても、「1.（都道府県の）居住支援協議会において情報共有」や、「3.情報共有・協議のためのルールや窓口を設定」を挙げる地方自治体の方が「6.特に協議や情報交流は行っていない」よりも多く、行政外の民間事業者等との情報共有・協議機会をもたらしている。

表 4-19　保健福祉等機関・団体との連携方法（行政外）

<住宅部局：複数回答>（2019調査）

保健福祉等機関・団体との連携方法（行政外の連携）(2019)	1.居住支援協議会において情報共有	2.その他、情報共有する機会あり	3.情報共有・協議するためのルールや窓口を設定	4.必要に応じて適宜、情報共有・協議	5.業務の委託等を行っている機関・団体あり	6.特に協議や情報交流は行っていない	7.その他	「協議あり」の平均種類数
設置（都道府県）(n=43)	95.3%	2.3%	30.2%	0.0%	9.3%	0.0%	4.7%	1.42
設置（市区町）(n=34)	94.1%	14.7%	32.4%	0.0%	8.8%	2.9%	2.9%	1.58
参加（n=53）	45.3%	15.1%	34.0%	0.0%	0.0%	20.8%	0.0%	1.19
未検討（n=10）	0.0%	0.0%	40.0%	0.0%	0.0%	60.0%	0.0%	1.00
合計（n=140）	69.3%	10.0%	32.9%	0.0%	5.0%	12.9%	2.1%	1.37

出典：文1）

　こうしたことから、居住支援協議会の設置は、住宅部局と福祉部局、さらに外部の民間機関等との情報共有を中心とした連携を促進する効果があるといえる。すなわち、そうした一定の連携基盤のもと、協議会型アプローチが成立しているともいえる。

　一方、すでに福祉部局にも担当部署が設置されている大都市圏の地方自治体では、これまでの連携施策（たとえば、シルバーハウジング・プロジェクト、高齢者向け優良賃貸住宅等）において、一定の役割分担がなされており、住宅セーフティネットに係る様々な連携や協働による取組みを通常業務として対応している。これまでの実績を活かすことで「協議会型アプローチ」の効果が増加するものと思われる。

(2) 居住支援協議会の支援体制

　「協議会型アプローチ」としての居住支援協議会の活動を円滑にし、効果を高めるための支援体制について、自治体・アンケート調査をもとにみる。

①運営費用の確保

　まず、2018年度の居住支援協議会の運営費用の内訳をみると、国「重層的セーフティネット構築支援事業」を活用している地方自治体は、「設置（都道府県）」、「設置（市区町）」ともに半数に満たず、「設置（都道府県）」では「特になし」37.2%、「設置（市区町）」では「自治体予算」35.3%等が多い。「民間事業者等からの出資・会費」や「自主事業による収入」はほとんどなく、居住支援協議会の運営は公的資金による支援に委ねられている。

　一方、「その他補助金・交付金」を活用している地方自治体も1割程度ある。具体的には、社会資本整備総合交付金や住宅市場整備・空き家対策などに関する国の補助金・交付金や県等による独自の市等向け補助金等があがっている。

表4-20　H30年度居住支援協議会の運営費用の内訳

＜複数回答＞ （2019調査）

H30年度居住支援協議会運営費用の内訳(2019)	1.重層的住宅セーフティネット構築支援事業	2.その他補助金・交付金	3.民間事業者等からの出資・会費	4.自主事業による収入	5.自治体予算	6.特になし	7.その他
設置（都道府県）(n=43)	44.2%	7.0%	4.7%	4.7%	23.3%	37.2%	2.3%
設置（市区町）(n=34)	47.1%	11.8%	0.0%	2.9%	35.3%	26.5%	0.0%
設置（合計）(n=77)	45.5%	9.1%	2.6%	3.9%	28.6%	32.5%	1.3%

出典：文1)

②民間住宅政策の実施体制

　居住支援協議会設置自治体の住宅部局の民間住宅政策の実施体制をみる。担当者の配置状況では、「1.専従の担当課や係等あり」は「設置（市区町）」が38.2％と「設置（都道府県）」や「参加」のみの地方自治体より多く、居住支援協議会を設置する地方自治体では民間住宅政策の体制の整備が進んでいる。全体では46.4％と最多の「3.他の業務兼務の担当職あり」については、「設置（都道府県）」でさらに多く55.8％を占めている。一方、担当者が定まっていない「状況に応じて担当」の比率は「設置（都道府県）」が最も低く、居住支援協議会の設置に伴い民間住宅政策の体制整備も進みつつあるものと思われる。

表4-21　民間住宅政策担当者の配置状況 ＜複数回答＞（2019調査）

民間住宅政策担当者の配置状況 (2019)	1.専従の担当課や係等あり	2.専従の担当職あり	3.他の業務兼務の担当職あり	4.状況に応じて担当	5.その他	不明
設置（都道府県）(n=43)	25.6%	0.0%	55.8%	16.3%	2.3%	0.0%
設置（市区町）(n=34)	38.2%	0.0%	35.3%	23.5%	0.0%	2.9%
参加 (n=53)	18.9%	0.0%	49.1%	30.2%	1.9%	0.0%
未検討 (n=10)	20.0%	0.0%	30.0%	40.0%	0.0%	10.0%
合計 (n=140)	25.7%	0.0%	46.4%	25.0%	1.4%	1.4%

出典：文1）

③実態やニーズの把握や計画策定

　住宅確保要配慮者に関する実態やニーズの把握方法についてみると、居住支援協議会を「設置（都道府県）」では「2.既往の統計データの活用」や「3.関係部局に照会・情報収集」がそれぞれ過半を占めている。これに対し、「設置（市区町）」では「5.住宅相談や問合せ等での直接把握」や「6.外部専門機関等からの情報提供・指摘」の比率が「設置（都道府県）」より高く、数値データだけでなく、直接的・定性的な実態把握も行われているものと思われる。

　一方、「参加」のみの地方自治体は「特になし」が28.3％と多く、「1.独自のアンケート調査」「3.関係部局に照会・情報収集」「6.外部専門機関等からの情報提供・指摘」ともに居住支援協議会を設置する地方自治体より低率であることから、他部局・行政外部機関との連携などが進んでいないものと思われる。

　このように、住宅・福祉連携の基盤となる実態・ニーズの把握は、居住支援協議会の設置の有無と大きく関係しており、居住支援協議会の設置が様々な連

携を促進する効果を有しているといえる。

表4-22　住宅確保要配慮者に関する実態やニーズの把握方法

<複数回答>（2019調査）

住宅確保要配慮者に関する実態やニーズの把握方法(2019)	1.独自のアンケート調査実施	2.既往の統計データの活用	3.関係部局に照会・情報収集	4.募集状況等から類推	5.公営住宅の応募状況等から	6.住宅相談や問合せ等での直接把握	7.外部専門機関等からの情報提供・指摘	8.その他	特になし	「把握あり」の平均種類数
設置（都道府県）(n=43)	27.9%	53.5%	53.5%	30.2%	34.9%	16.3%	14.0%	2.3%		2.30
設置（市区町）(n=34)	23.5%	38.2%	47.1%	32.4%	44.1%	29.4%	5.9%	2.9%		2.21
参加（n=53）	9.4%	37.7%	30.2%	30.2%	43.4%	11.3%	7.5%	28.3%		1.70
未検討（n=10）	10.0%	20.0%	40.0%	20.0%	50.0%	0.0%	0.0%	20.0%		1.40
合計（n=140）	18.6%	41.4%	42.1%	30.0%	41.4%	16.4%	8.6%	13.6%		1.99

出典：文1）

（3）居住支援協議会における住宅・福祉連携の課題

　以上の結果より、同じ行政内における住宅部局と福祉部局の連携についてみると、居住支援協議会の設置による協議機会の創出、民間住宅政策対応体制の拡充等が確認でき、一定の効果を発揮していることが明らかになった。しかし、住宅部局・福祉部局の基本的な取組み方や位置づけの相違や各取組みの実施体制、対応の方法等の地方自治体ごとに違いがあり、同じ居住支援協議会という名称の団体でも、その実態には差がある。たとえば、これまで住宅部局・福祉部局等にあまり接点のなかった地方自治体では、既存の体制を有効活用することの他、居住支援協議会設立前に準備会等の庁内の公式の協議の場を設け、居住支援協議会への協力を関連各部局・課に依頼しやすくする等の地道な部局間の情報交流やニーズの共有等から始めることが求められる。このように、各地方自治体の居住支援協議会の運営は、それまでの連携経験の蓄積をベースとした段階に応じた取組みが求められる。

　一方、個々の取組みを詳細にみると、協議会を介しなくても実施できる取組みの存在や、実施体制や連携相手が多岐に渡っていること等も確認できた。特に、個別相談や物件紹介・マッチング等の個人への対応、入居後の居住支援サービスの提供等、住宅・福祉等の連携が不可欠な事業については、各地の実状に応じた居住支援協議会の「事業体」としての機能が求められていることが明らかになり、その体制づくりが居住支援協議会の大きな課題となっている。

　このうち、特に課題となっていることが、住宅・福祉等の①都道府県と市区町村の関係構築、②行政と民間の連携、である。

①都道府県と市区町村の関係構築

　都道府県住宅部局と市区町村福祉部局の関係構築が難しい（詳細は5章）。

　たとえば、都道府県・住宅部局を対象としたインタビュー調査においても、「サービス付き高齢者向け住宅等での市町との連携はあるが居住支援協議会を活用した民間住宅での取組みは難しい」、「市町住宅部局が福祉と連携し、具体的な取組みを行えるよう、県等の役割分担は基盤整備として明確化している」等、それぞれの役割に関する意見があった。また、個別相談を実施していない県等から「県社会福祉協議会と連携できず、市等の福祉部局との連携が困難」、「県住宅部局から市福祉部局の関係構築は難しく、県住宅→市住宅→市福祉の連携が必要」等の意見があり、個別相談等を実施するためには、県等と市等、市等住宅と福祉の2段階の連携が必要となっていることが課題として指摘されている。

> **都道府県・市区町村の連携の考え方・課題例**
> ・具体的事業については市区町村が実施するように明確に役割を区分し、都道府県等は広域から、市区町村の居住支援協議会の設立等を支援するための独自の支援制度を設けている。（関東大都市圏/都道府県）
> ・県等内市区町村とは居住支援協議会でやりとりをし、情報提供やセーフティネット住宅の情報管理等が県等の役割としている。県等は個別相談を実施しない方針。（近畿大都市圏/都道府県）
> ・県等福祉部局との連携することで、市等の福祉部局を誘導してもらおうと思ったが、福祉行政は県等による市等の指導が難しい。（関東大都市圏・都道府県/近畿大都市圏・都道府県）
> ・市区町村等の住宅部局を介して福祉部局と連携してもらう方針だが市等に動きがない。住宅専課がある市等は少なく、しかも、公営住宅事業のみのところが多い。（近畿大都市圏/その他都市圏・都道府県）
> ・居住支援協議会には、住宅部局＋居住支援団体のセットで参加してもらう。居住支援団体は各市が選ぶ。（その他都市圏/都道府県）　　等

②行政と民間の連携

　県等住宅部局が市等居住支援協議会の設置や活動を促進するため、市等の福祉部局に代わる居住支援の主体として居住支援法人等の民間機関等を介して市等の福祉部局との関係性を埋める対応が行われている。このため、これまであまり接点の多くない民間賃貸住宅に係る不動産団体・事業者の他、居住支援サービスを提供する団体・事業者等と新たな連携関係を構築する必要性が生じている。

たとえば、県等の居住支援協議会の業務として、協議会会員や居住支援法人に個別相談を委託する例、居住支援法人間のネットワークを強化しようとする動き等がみられる。また、県等社会福祉協議会を介し、市等社会福祉協議会や福祉行政による居住支援活動を誘導するような例もみられた。

一方、市等が中心となり、協力不動産店と居住支援団体が直接連携し、主体的に個別相談や入居支援等の事業を行う例、社会福祉協議会等が事務局となり、多部局・多職種の連携体制を設ける例もあり、地域資源に応じた取組みが生まれている。

行政と民間の連携に向けた取組みの例

・居住支援法人の一部と連携協定を締結し、信用力を付与して活動を支援する。(関東大都市圏/都道府県)
・居住支援法人には市区町村福祉部局に働きかけてくれることを期待している。(近畿大都市圏・その他大都市圏/都道府県)
・居住支援団体の育成支援やネットワークづくりのための事例報告会を開催している。(近畿大都市圏/都道府県、その他大都市圏/政令指定都市)
・居住支援協議会の会員である居住支援法人等が、協議会事業として個別の相談支援を実施している。(その他/都道府県、近畿大都市圏/政令指定都市)
・居住支援法人等が相談事業やセミナー・検討会を先行して実施し、県がそれに参加する。(近畿大都市圏・その他/都道府県)　　　等

こうした課題のもと、個々の住宅確保要配慮者への相談や物件の紹介、入居後のサービス提供等の居住支援事業の「事業体」づくりが課題となっていることから、居住支援協議会設置が徐々に進みつつある過渡的な段階においては、県等が市等の協議会を設置するために、独自の促進策を講じたり、市等に代わり事業主体として取組んだりすることが求められる。

4-3. 住まい確保に向けた実施体制と類型化

居住支援協議会が中心となった住宅確保要配慮者が安定した住まいを確保するための取組みの内容や実施体制について、これまでの調査結果をもとに類型化し、それぞれの類型の特徴や課題を明らかにする。

(1) 住まい確保のプロセスと実施体制

自治体アンケート調査・自治体インタビュー調査をもとに、居住支援協議会の活動内容を段階別に区分すると、まず、「協議体整備段階(協議会の設立や予算獲得等)」において「協議体の整備」が行われ、これに「基盤形成段階(普

及啓発・広報等や情報提供ツール、各種情報の集約とリスト化等)」やその後の「入居支援段階（個別相談・マッチング・賃貸契約支援・家賃債務保証等)」、入居後の「継続居住支援段階（見守りやトラブル対応等の居住支援サービスの提供等)」等の「事業体」としての4つの段階の取組みが実施されている。それら各段階の主体の変化や実際の活動内容は下図のように区分でき、それぞれの段階で実施状況や取組み方に違いがある。

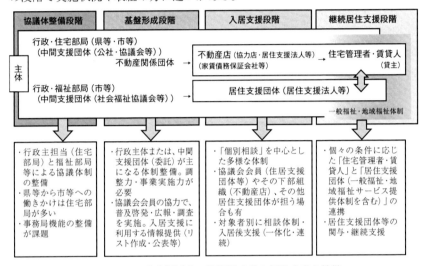

図4-5 居住支援活動の段階別 主体と活動内容の特徴

出典：文3）文4）に加筆

　各段階別の実施主体や連携体制の特徴・課題をみると、それぞれの活動内容に応じて、主となる団体等や関係機関等との連携体制が構築されている。
　たとえば、入居支援や継続居住支援等の個別対応が必要な段階では、協議体としての居住支援協議会とは異なる連携体制が構築されている例が多い。たとえば、「協議体整備段階」では、行政内外の部局や関係団体・民間団体等に呼びかけ、メンバーを構成するため、行政（住宅部局）が主となる場合が大多数であるが、その次の「基盤形成段階」は、事務局機能や民間との協働活動が求められるため、委託された外部関連機関等が主となり、運営される場合もある。一方、個別の「入居支援段階」や「継続居住支援段階」等の住宅確保要配慮者個々への対応が必要な段階では、対人の「事業体」としての活動が求められ、行政外の機関・団体等との連携体制を構築する例も多く、また、居住支援団体

等独自の主体的な活動による場合もある。その他、社会福祉協議会（以下、社協）のように、「基盤形成段階（総合調整）」から「入居支援段階（権利擁護）」まで、一つの組織が異なる役割を担う場合もある。

　このように、居住支援の取組み段階や内容によって実施主体や連携体制を変えながら、住宅セーフティネット施策が実施されている。

(2) 居住支援実施体制の類型化とその特徴（都道府県に着目して）

　つぎに、市等の居住支援協議会の設立が進む過渡的な状況の実態をもとに、取組みの実施体制（関係する行政や団体等の関わり方）を類型的に捉え、都道府県の視点からそれぞれの特徴を明らかにする。

　類型は、4つの段階の実施体制を軸として区分する。

　「A：市等中心タイプ」は「協議体整備」や「基盤形成」までを県等の協議会が中心となり、市等による個別相談窓口の設置等の「入居支援」等の事業を誘導・促進するタイプである。「B:住宅系団体中心タイプ」や「C:居住支援団体中心タイプ」はいずれもAタイプをめざす取組み体制であり、Bタイプは、県等と中間支援団体が一体となって市等の居住支援体制の整備を図るタイプ、Cタイプは「入居支援」や「継続居住支援」を行う居住支援団体（居住支援法人等）への支援を通じて、市等の居住支援体制の整備を図るタイプである。また、「D：圏域別部会タイプ」は県等居住支援協議会に圏域別の部会を設けて市等における協議・居住支援体制整備を促進するタイプである。いずれも、基礎自治体である市等における居住支援体制の確立をめざしている点が共通している。しかし、市等の役割分担（協議体・事業体）の考え方、外部化できる組織の存在や力量、市等レベルでの不動産団体との連携の可能性等が市等によって異なっており、さらに、大都市圏・地方圏により、不動産事業者等の営業エリアや不動産賃貸借の慣習等、すなわち住宅市場圏域の性格が異なっているため、都道府県一律、全国一律な対応は難しい。このようなことに対応した類型となっている。

　各類型の特徴は下記の通りである。

[A：市等中心タイプ]

　県等居住支援協議会の役割を「協議体」や一般向けの情報提供等の「基盤形成」とし、個別対応が求められる入居支援や継続居住支援等の個別の「事業体」を市等に委ねるタイプである。

　県等が提供する住宅や居住支援サービス等の情報を活用して、市等の居住支援協議会が個別相談等、入居支援等の事業を実施することをめざしている。「個別相談等は市レベルできめ細かく対応し、それを県がバックアップするのが理想」との意見があるように、従来の住宅政策における都道府県と市区町村の役割に即しており、その考え方で市等向け支援施策を独自に充実させている県等もある。しかし、「大都市は独自の体制を構築できるが、周辺の中小都市が取り残される」や、「同じ県内でも空き家問題の方が深刻な市は居住支援協議会への反応が少ない」等、地方自治体間の条件の違いがあり、県等と市等の役割は一概に区分できないのが実態であり、BタイプやCタイプが生まれている。

　こうした中、県等居住支援協議会が市等の取組みを促すため、相談事業「住まいの相談会」を開催する例がある。これは、県等居住支援協議会会員である市等が主体となり開催されるものであり、それにより、市等担当者が住宅確保要配慮者（相談者）の具体的なニーズを把握することが可能となることや、市等住宅部局・福祉部局、不動産店・居住支援団体などの各担当者の顔が見える関係を構築すること等もでき、その後の相談支援や居住支援体制形成のきっかけづくりとなる。市等は、現に住まい探しが課題となっている外国人や障害者等の対象者をあらかじめ決め、それに応じた居住支援団体と協働する仕組みづくりに活用できる。この方式で実施している相談会では、高齢者や障害者を対象とする市では市社会福祉協議会が、外国人を対象とする市では外国人の支援団体が、それぞれ市住宅部局や協力不動産店と共に、相談員となって対応している。

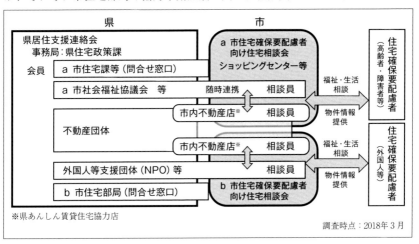

図4-6　Aタイプ（県等による市等相談事業の支援事例）　　出典：文3）

B：住宅系団体中心タイプ

　入居支援を含めた多くの団体等との連携が必要な事業を円滑に推進するため、「民間を理解し、調整・事業実施可能な団体」として、住宅系の外部機関等に居住支援協議会運営業務を委託し、行政と一体的に推進するタイプである。県等の「協議体」と市等支援の「事業体」を兼ねることも可能である。

　該当する事例をみると、住宅供給公社や建築住宅センター等、住宅政策に関連する各種業務を受託する外部機関等が、居住支援協議会の事務局となる例が多く、それまでの連携体制を活用し、行政（県等・市等）や不動産団体・居住支援団体等と緊密に調整・連携を図り、「協議体」を構成するとともに、県等とともに市等を支援するための事業を推進している。

　該当する事例としては、県居住支援協議会事務局を担う公益法人が、県内の居住支援協議会参加市等から「住まい探し相談事業等（４種類のメニューの中から市等が選択）」を別事業として受託し、相談会の開催や事業連絡協議会の開催等をきめ細かく支援している。そうした直接的な支援を契機に、市等では庁内連携や民間不動産団体との連携体制づくりを進め、居住支援協議会の設置に発展した例もある。

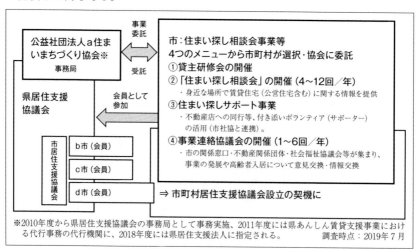

図4-7　Bタイプ（県・関係団体による市等の協議・事業体制形成への支援事例）

出典：文3）

C：居住支援団体中心タイプ

　入居支援や継続居住支援等の個別のニーズに応じた事業を連続して行えるよう、居住支援協議会会員、居住支援法人や他の居住支援団体（社会福祉協議会・社会福祉法人・NPO法人等）が相談窓口を持ち、事業主体として個別相談や入居可能な住宅のマッチング等を行うタイプである。さらに、市等との連携した相談対応体制につながることが意図されている。この場合、居住支援団体等の代表が、居住支援協議会の会員となる場合が多く、事業体の形成を目的に協議体を構築する例もある。

　該当する事例では、県等の居住支援協議会に協力不動産店や居住支援法人等が「居住サポート会員」として参加し、個別相談やマッチングなどの事業を行っている。県等は、全域を対象とした常設の住宅相談窓口「住宅相談室」で受け付けた相談を内容に応じて専門の相談窓口に振り分けているが、その振り分け先の一つとして「居住サポート会員」を位置づけ、役割を分担している。これら居住支援法人等の情報を居住支援協議会未設置の市等に提供して居住支援法人等との連携を促し、市等の居住支援協議会の設立を支援している。また、定期的に居住支援法人の活動報告会や交流会を開催し、法人同士のネットワークづくりを促している。今後、各市等に居住支援団体が得意分野を補完しあうようなネットワークを形成することがめざされている。

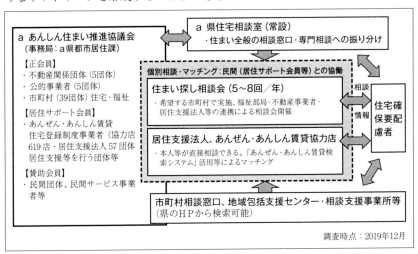

図4-8　Cタイプ（居住支援法人等による市等相談事業への支援事例）

出典：文3）

D：圏域別部会タイプ

　市等中心タイプ（Aタイプ）の課題に対応し、民間賃貸住宅市場が大都市に比べ脆弱な地方圏の県等では、居住支援協議会に参加する不動産団体等のメンバーが重複するため、市居住支援協議会の代わりに県居住支援協議会に圏域別部会を設け、その部会で市福祉部局や居住支援法人等との連携体制を構築し、居住支援活動を実施するタイプである。

　該当する事例では、県居住支援協議会の部会として、県庁所在市をモデルとしたワーキンググループを設置し、市の住宅部局・福祉部局と不動産団体・市社会福祉協議会・居住支援法人等が協議する場を設け、事業実施を推進している。住宅市場圏域を一にする自治体間の連携の促進につなげる効果とともに、市単独では協議体制を構築しにくい場合の初動段階などに活用できる手法である。

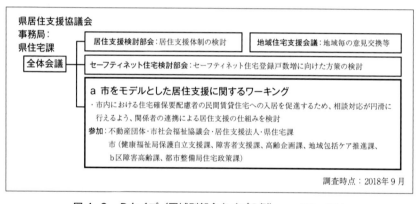

図4-9　Dタイプ（圏域別部会タイプの例）　　出典：文3）

以上の4タイプの関係は以下のとおりである。

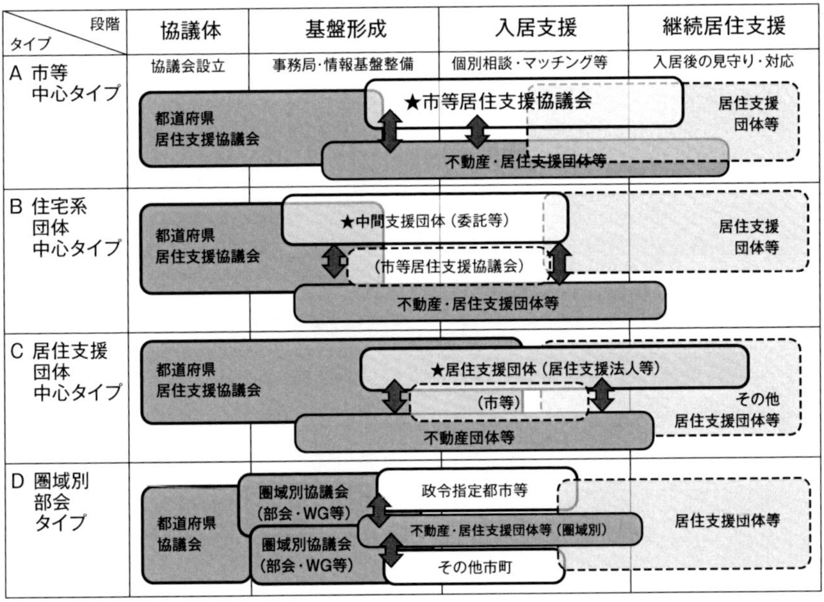

図4-10 居住支援実施体制の類型化（★個別相談の窓口）

出典：文3）文4）に加筆

【参考文献】

文1）佐藤由美「住宅・福祉部局等の連携による自治体居住政策（2）－平成29年調査・令和元年調査の比較－」，奈良県立大学研究季報 第30巻第4号，2020.3

文2）佐藤由美・阪東美智子「自治体居住政策における住宅と福祉等の連携（2）～都道府県における「協議会型アプローチ」」，日本建築学会大会学術講演梗概集（北陸）2019.9

文3）佐藤由美「住宅・福祉部局等の連携による自治体居住政策（3）－自治体・居住支援機関等インタビュー調査結果」，奈良県立大学研究季報，第31巻第1号，2020.7

文4）佐藤由美・阪東美智子「居住支援協議会における連携体制 －「協議会型アプローチ」の実態－」，日本福祉のまちづくり学会全国大会梗概，2019.8

5章 「協議会型アプローチ」による居住政策の課題と可能性

　本章では、全国の地方自治体の住宅・福祉等の連携の実態（3章）や「協議会型アプローチ」の実態（4章）をもとに、複数の部局や多機関が参加する「協議会型アプローチ」を活用した居住政策の実現に向けた課題や今後の可能性について考察する。

5－1.「協議会型アプローチ」による居住政策の課題

(1) 地方自治体における住宅・福祉等の基本的な関係

　全国の地方自治体の住宅・福祉等の連携に関する実態をみると、住宅事情の厳しさ等を要因とした関東大都市圏とその他の都市圏・地方圏の課題や取組みの相違、行政上の義務規定や都市の種類（政令指定都市・東京特別区・その他の市町）による施策の実施状況の差異が明らかになった。また、同時に共通する課題も明らかになった。

　これらの特徴から、住宅と福祉の連携による居住政策の課題を考察する前に、住宅政策・福祉政策の理念や基本的な取組み方の違いを理解する必要がある。

表5-1　都市の種類別高齢者住宅施策の実施状況：公営住宅以外（2007年度）

＜複数回答＞

公営住宅以外の施策	住宅のバリアフリー化	地域優良賃貸住宅（高優賃）	その他民間高齢者向け住宅	民間賃貸住宅への入居支援	持ち家居住者の住替え支援	親子同居・近居支援	高齢者等に配慮したまちづくり	高齢期居住の相談・情報提供	その他	不明	実施施策数（平均）
政令指定都市 (n=17)	64.7%	58.8%	5.9%	52.9%	5.9%	0.0%	23.5%	70.6%	23.5%	0.0%	3.12
中核市 (n=19)	31.6%	36.8%	0.0%	15.8%	5.3%	0.0%	5.3%	26.3%	0.0%	36.8%	1.16
その他県庁所在市 (n=11)	27.3%	45.5%	0.0%	9.1%	0.0%	9.1%	27.3%	9.1%	18.2%	0.0%	1.45
東京都区市 (n=11)	45.5%	27.3%	27.3%	81.8%	0.0%	18.2%	36.4%	36.4%	18.2%	0.0%	2.91
その他市町（三大都市圏） (n=7)	28.6%	14.3%	0.0%	0.0%	0.0%	0.0%	14.3%	14.3%	14.3%	28.6%	0.86
その他市町（地方圏） (n=25)	40.0%	8.0%	0.0%	0.0%	0.0%	0.0%	12.0%	8.0%	8.0%	48.0%	0.84
合計 (n=90)	41.1%	31.1%	6.7%	24.4%	2.2%	3.3%	17.8%	27.8%	12.2%	23.3%	1.67

出典：文1）

　地方自治体における住宅政策は、戦後、住宅不足を背景に、公営住宅建設・管理事業を主とした施策を中心に展開され、民間賃貸住宅を対象とした施策を展開するのは、近年まで一部の大都市に限られていた。たとえば、2007年度に筆者が実施した地方自治体住宅部局を対象とした高齢者住宅施策の実態調査の結果をみると、東京都区市や政令指定都市を除き、民間賃貸住宅ストックを活用した入居支援や相談・情報提供等を実施する地方自治体は少数であった。

　このように、中小の地方自治体では、公営住宅以外の住宅政策への取組みが少なく、特に民間賃貸住宅ストックを対象とした取組み（新規供給以外の取組み）の経験が乏しく、活用できる資源・人材も限られている。その傾向は現在も続いている。

　また、公営住宅等の施策の配分においては常に「公平の原則」が優先されてきたことから、公営住宅事業しか行っていない中小の地方自治体では、住宅確保要配慮者個々のニーズの把握や個別の対応等を制度に基づいて実施することに不慣れであるといった根源的な課題がある。これは、限られた公営住宅を年1～2回程度、原則として「公募・抽選」により、公平に割り振ることが求められてきたためであり、個人の状況にあわせて優先的に住戸を提供するスキームは、一部の特定目的住宅（障害者・高齢単身者等）に限定されてきた。また、緊急に住まいが必要になった際も、大規模災害の被災者やDV被害者等を除き、制度上、優先的な入居はできず、また、たとえ抽選に当選しても、空き家補修工事が終了するまで入居できないケースも多い。このため、緊急に住まいを確保したい人がいたとしても、住宅政策で即応できる部分は限定的だという考えが根強く、福祉部局の期待に応えられない場面も多くあった。

　さらに、入居後の住宅管理についても公営住宅特有の制約がある。公営住宅の管理方法は各事業主体の管理条例等に定められており、地方自治体によって異なる。大都市では住宅管理部門が別組織であったり、指定管理者への委託であったりするため、現場の居住者の生活面の問題等が随時政策にフィードバックされることが難しくなっている。また、住戸専用部分や団地共用部分の維持管理については法による規定が少なく、入居者や入居者団体（団地自治会）による自主管理が原則となっており、事業主体（地方自治体）からの支援・関与は少ない。さらに、高齢者等が安定した住生活を維持するために必要な見守りやコミュニティ活動等の支援は、住宅政策としての対応はほとんどなく、各団

地やその周辺の地域福祉体制に委ねられる傾向が強い。特に、高齢化が進む大規模団地等では地元の福祉行政や地域福祉の体制（民生委員・自治会・地区社会福祉協議会等）への依存が増え、連携が必要となる事案が増えている。そうした公営住宅管理の経験を活かし、地域の福祉体制との現場での連携を円滑に促進するための方策を構築していくことが今後求められる。

このような長年積み重ねられてきた地方自治体の住宅政策の取組み方そのものの特徴や課題が背景としてあることを理解しておくことが必要である。

一方、自治体福祉政策は、住宅に比べ、基礎自治体への分権が進んでいるため、中小の地方自治体であっても主体的な取組みが行われている。

しかし、法体系同様に、地方自治体でも対象者ごとに部局が分かれている。住宅セーフティネット政策の場合、住宅部局は住宅政策担当課の企画担当や民間住宅担当が主体となる例が多いが、福祉部局には「住まい」を所管する部局がなく、複数の部課にまたがる。このため、住宅部局は案件ごとに協議相手を探したり、定めたりすることから始めなければならない。事前にそれぞれの担当部局の職務の理解や課題の共有が基本的に必要となる。このため、「何かあれば協議できる体制」を常時確保するため、住宅確保要配慮者等の調査・ニーズ把握や各種計画策定時の協力要請等を通じて、日常から担当者間の協議を行い、相互理解を深めておくことが必要である。とともに、福祉行政に「住まい」に係る横断的な組織・政策体系を確立し、担当部署・担当者等を配置していくことが求められる。

また、福祉行政においても年々増加・多様化する施策需要に対し、限られた体制の中で対応するため、制度間に「すき間」が生じやすいが、そこへの対応は民間（社会福祉協議会、社会福祉法人、NPO法人、当事者の会等）に委ねられることが多く、新たな課題への行政としての対応には時間差が生じる。特に住まいに関しては法定事業においても任意事業が多く、市町村ごとのばらつきが大きい。このようなことから、今後は「住生活の安定」を福祉政策においても普遍的な課題として位置づけていくことが求められる。

こうした地方自治体における取組み状況の背景には、地方自治体の財政の厳しさ、行政改革による組織の縮小等があり、その中で住宅行政の横割り（政策企画・建設・管理の区分）と縦割り（公営住宅・民間住宅）や福祉行政の縦割り（対象者別組織）、横割り（行政立案・民間委託）の問題が存在している。特に、両領域とも近年、政策立案主体（地方自治体）と施策実施主体（民間指定管理

者・公益法人・NPO等）の分離が進んでいることから、施策実施現場のニーズや課題を政策立案に反映するような公・民の連携も新たな課題となっている。

　一方、生活をめぐる問題が多様化・複合化する社会において、その取組み主体を単に地域に移行させていくだけでなく、住生活をとりまく広範な領域において、より効率的・効果的に施策を実施できる体制を構築していくことが必要であり、行政内の連携だけでなく、行政外の多様な専門機関・団体等との協働を誘発することが不可欠となっている。そのための公民連携体制づくりの一つとして居住支援協議会に代表される「協議会型アプローチ」の活用の広がりが期待される。

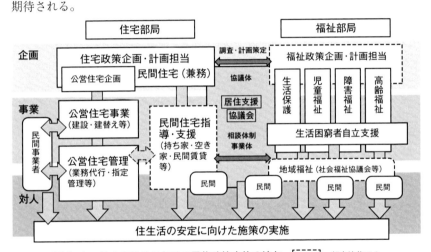

図5-1　地方自治体における居住政策実施の流れ　［┌──┐］一部自治体のみ

出典：文2）に加筆

（2）都道府県と市区町村の関係

　本来、市民と直接向き合う市区町村（基礎自治体）において住宅・福祉部局との連携体制を設け、地方自治体の特性に応じた居住支援の事業を実施していくことが必要で、市等をまたがる広域の課題に対し、都道府県が対応していくことが原則であろう。しかし、居住支援協議会における住宅・福祉連携の課題（4章4-2（3））で明らかにしたように、住宅行政と福祉行政では、都道府県と市区町村の関係構築が連携を進める上で課題となっている。これは、住宅行政は都道府県や政令指定都市が主体の法定事業が多いのに対し、福祉行政では人口規模に関係なく、基礎自治体が主体となり政策を実施することが多く、

県等の福祉部局から市等の福祉部局への関与が少ないことによる。このため、県等の住宅部局は、まず、市等の住宅部局に働きかけを行い、そこから同福祉部局との連携体制を作ることが不可欠となる（2段階の連携）。特に、中小の市町村では住宅行政が脆弱であり、「市営住宅等がなければ市等に住宅部局がない」、「市等単位に不動産団体がない」、「住宅部局だけでは入居支援等ができないので市住宅部局と市社会福祉協議会がセットで居住支援協議会に参加することを条件としている」等、その取組状況には大きな差があり、すべての市等が同様の連携体制を構築することは難しい。このため、「協議会型アプローチ」が求められる個々の住宅確保要配慮者への相談や物件の紹介、入居後のサービス提供等の居住支援事業の実施体制づくりが課題となっている。その解決策として、県等が市等居住支援協議会を設立を促進するために、独自の支援体制づくりや促進策を講じたり、市等を補完するために自ら連携事業に取組んだりする例も多く、当面、そうした県等の支援策が求められる。

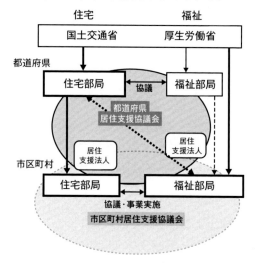

図5-2　居住支援協議会をめぐる都道府県・市区町村の関係

出典：文4）文5）に加筆

　これらの要因として住宅政策に係る法律上の規定がある。
　住生活基本法第七条によると、「国及び地方公共団体の責務」として、「国及び地方公共団体は、第三条から前条までに定める基本理念にのっとり、住生活の安定の確保及び向上の促進に関する施策を策定し、及び実施する責務を有す

る。」とある。しかし、公営住宅整備等の事業がほとんどない地方自治体や規模が小さく人口も少ない等、総合的な長期ビジョンを定める必要性が乏しい市等も存在することから、住生活基本法上、一律には計画策定が義務付けられていない。具体的には、「より地域に密着した行政主体である市町村が、地域特性を踏まえて住宅政策全般を対象とするマスタープランを策定することは有益ですので、市町村においても、住生活基本法の基本理念や住生活基本計画（全国計画）を踏まえ、計画を策定することが望ましいといえます。」[1]と、努力義務に留まっている。なお、2020年度（2021年3月）に改定された住生活基本計画（全国計画）では、「住生活をめぐる課題は大都市と地方では異なるなど、地域によって様々であるため、地域の特性に応じたきめ細かな施策を講じることが求められる。より地域に密着した行政主体である市町村においても、地域特性を踏まえ、施策の方向性を示す基本的な計画（以下「市町村計画」という）を策定し、まちづくりや防災、福祉等の住民生活に深く関わる分野と連携して施策を実施することが必要である」とし、「国は、都道府県との連携を強化して、市町村計画の策定をこれまで以上に促進する」としている。

　一方、民間賃貸住宅の市場圏は、地方圏では広域であるため、単独の市等では、不動産団体等との連携体制は確保ができない。また、生活保護等を所管する福祉事務所も郡部では県等が設置する場合が多い[2]。

　このようなことから、広域行政としての都道府県の役割は地方圏ほど大きい傾向にある。

(3) 住宅・福祉等の連携による住宅セーフティネット政策の課題

　住宅・福祉の連携の実態をみると、個別相談や入居後のサービス提供等の個別の対応が求められる市等の事業では、居住支援協議会が主体となり、行政・民間が参加した「協議会型アプローチ」手法が活用されている。しかし、その実施体制や連携相手は施策や取組みごとに細かく設定されており、総合的な住宅セーフティネット政策を実現するには至っていないのが実態である。

1　国土交通省住宅局住宅政策課「市町村住生活基本計画の手引き（改訂版）」2019.3
2　福祉事務所とは、社会福祉法第14条に規定されている「福祉に関する事務所」のことで、福祉六法（生活保護法、児童福祉法、母子及び寡婦福祉法、老人福祉法、身体障害者福祉法及び知的障害者福祉法）に定める援護、育成又は更生の措置に関する事務を司る第一線の社会福祉行政機関。都道府県および市（特別区を含む。）は設置が義務付けられており、町村は任意で設置することができる。

そこで、全国自治体の実態や前述の住宅・福祉行政における根源的な連携の課題を考慮し、今後、住宅確保要配慮者やその予備軍が安定した居住を確保するための総合的な住宅セーフティネット政策の実施に向けた「協議会型アプローチ」の活用やその課題について、求められる情報の種類ごとに考察する。

①住替えの円滑化に向けた取組みの強化

まず、「協議会型アプローチ」を活用した住宅政策の課題として「住替えの円滑化に向けた取組み」がある。

これは、賃貸住宅への住替えを希望する人が公平・公正な情報を得て自力で住宅を探すための仕組みを作ることである。賃貸住宅の入居に際して、属性による差別を生まないための健全な住宅市場を整備することは住宅市場整備という観点からも住宅行政の大きな役割である。そうした役割に基づいた適切な情報の提供や一般的・総合的な住宅相談体制の整備等の施策とともに進めることが求められる。空き家対策や公営住宅・サービス付き高齢者向け住宅等の情報提供も同時に行うことで相乗効果が期待される。また、個別相談対応等を実施する際に、福祉部局や民間機関・組織との連携を進めていくこと、民間同士のネットワークづくりを促していくこと等は住宅セーフティネット政策にとどまらない「協議会型アプローチ」を活用した住宅行政の基本的な課題であるといえる。

②賃貸住宅市場での対応力の向上（入居敬遠の抑止）

住替えを円滑化するための最大の課題は、賃貸住宅市場の健全化である。近年、賃貸住宅管理業者の登録やサブリース方式の規定等がようやく法に整備されたところであるが[3]、民間による賃貸住宅事業については私的な経済活動として捉えられ、これまで本格的な市場環境の整備や公的な支援の対象とはなっていなかった。しかし、住宅セーフティネット政策においては、賃貸人（貸主）や不動産業者の協力を得るよう積極的に情報提供を行っていくことに加え、入居敬遠されやすい条件については、社会的な仕組み（たとえば、家賃債務保証等）によって補完していく必要がある。これらは、現在、民間事業者による商品として提供されているが、さらに、緊急連絡先の代行や死後事務委任等、公正で安定的な運用が求められる事業について、住宅セーフティネットの全国共通の基盤として確立していくことが求められる。また、これらは公的賃貸住宅の入居者にも共通する課題でもあり、総合的な取組みが求められる。

---

3 2020年制定の「賃貸住宅の管理業務等の適正化に関する法律」による。

　このような入居中の住宅の立退きや入居拒否等、自力では入居が難しい人が民間賃貸住宅市場の中で容易に入居することができるような基盤となる制度づくりが求められ、「協議会型アプローチ」による相談対応やマッチングでの活用を通じて、賃貸住宅市場での対応力の向上をめざしていくことが望まれる。

③生活全体の安定の確保

　福祉政策としては、「安定した居住」の政策課題としての位置づけを高めることが必要であると思われる。すなわち、様々な生活上の課題を有する人が安定した生活を得るための対応の一つとして、住宅セーフティネット政策を推進していくことが求められ、安定的な体制の構築に基づく制度運用が課題である。

　生活全般にわたる問題解決方法に関する情報提供・相談対応として、個々のケースごとに専門家（ソーシャルワーカー等）によるアセスメントのもと、既存施策・地域資源の組み合わせを行い、入居支援から、入居後の生活の安定をめざすことが望まれる。

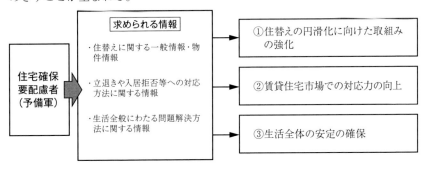

図5-3　「協議会型アプローチ」の活用による住宅セーフティネット政策の課題

5-2. 今後の連携拡大の可能性

　全国自治体の実態をみると、「協議会型アプローチ」としてみた居住支援協議会には、行政内における「必要に応じて適宜協議」しやすくなるような体制づくりや実態・ニーズの把握等の他、行政外の複数の機関や職種との連携を促す効果が大きいことが明らかになった。そこで、今後、さらに公民連携のもと、住宅・福祉等の効果的な連携関係を構築するために考慮すべき点を挙げ、「協議会型アプローチ」を活用した連携拡大の可能性について考察する。

　まず、住宅・福祉に限らず、居住政策においては、それぞれのプレイヤー自体の取組みの理念や考え方が異なることを理解し、協力関係を築いていくこと

が求められる。

　また、住宅行政・福祉行政では関係機関との関係が異なっているため、連携形態を適切に選択していくことが必要である。同一行政内の連携、都道府県と市区町村の連携、民間事業者等行政外機関・団体等の協力を得た連携等の使い分けを検討し、大規模な自然災害やパンデミック等に備えて柔軟な関係性を準備しておくこと等、戦略的に実施していくことが必要である。

　さらに、現在・将来の各分野の政策の方向性を認識しておくことも重要である。今後、連携拡大に向けて、住宅政策、福祉政策それぞれの動向に留意していくことが必要となる。

　まず、住宅政策についてみると、1990年代半ばから、市場重視の住宅政策が主流化し、高齢者向け住宅もそれを先導する役割を有してきた。公営住宅等を活用したシルバーハウジングがわずか2.3万戸しか供給されていないのに対し、サービス付き高齢者向け住宅は2011年度以降、既に約27.2万戸（2021.12末）に達し、量的な面で大きく前進している。これにより、自治体・住宅部局にはそれまでの供給主体としての関わりから、審査・指導業務としての住宅・福祉連携業務が課されるようになり、また、住宅計画の策定などを通じて協議を必要とする場面が増加している。

　また、前述したように、民間賃貸住宅市場整備は住宅政策の中でも最も取組みの少ない領域であり、不動産行政との一体化はなかなか進んでいない。2020年に制定された「賃貸住宅の管理業務等の適正化に関する法律」では、サブリース業者と所有者との間の賃貸借契約の適正化に係る措置や賃貸住宅管理業に係る登録制度の創設等、不動産業界の適正化を目指しているが、今後、さらに賃貸人（貸主）を対象とした規定を加え、法に基づく指導や誘導が可能となることが期待される。

　そうした中、2021年度住生活基本計画（全国計画）が改定され、居住支援施策がさらに強化されている。たとえば、住宅確保要配慮者が安心して暮らせるセーフティネット機能の整備として、住まいの確保のために、住宅セーフティネットの中心的役割を担う公営住宅の計画的な建替え等やバリアフリー化や長寿命化等のストック改善の推進が引き続き位置づけられた他、セーフティネット住宅の活用や家賃の低廉化などが方向づけられている。さらに、ソフト面については、福祉政策と一体となった住宅確保要配慮者の入居・生活支援として、住宅・福祉部局の一体的・ワンストップ対応による総合的な生活相談・支援体

制の確保や、地方自治体と居住支援協議会等が連携した入居時のマッチング・相談、入居中の見守り・緊急対応等などまでが位置付けられている。こうした重点化に伴い、成果指標として「居住支援協議会を設立した市区町村の人口カバー率50％（令和12年）」が設定され、市区町村による居住支援協議会設立への支援が拡充している。

　このように、市区町村が主体となった居住政策の実現に向けた国の制度は少しずつ拡充されているといえる。

　さらに、福祉政策の動向をみると、2000年に制定された社会福祉法がその後、数度の改正を経て、2010年代後半には、地域共生に向けた動きが強化され、包括的支援体制等のこれまでの対象者別の制度体系を横断、包括するような方向性が明確になっている。また、それらの中に「住まい」が位置づけられる動きは強まっている。2005年の改正介護保険法に規定された「地域包括ケアシステム」は、その後の社会福祉法改正により、高齢者だけでなく、様々な支援を必要とする人たちへの包括的な支援をめざした「地域共生」に向けて拡大中であるが、その変化においても、「住まい」をその構成要素として位置づけていくことが期待される。それは、単に有料老人ホームやサービス付き高齢者向け住宅の供給拡大だけでなく、地域で安心して居住を継続するための「住まい」の確保が福祉施策においても必要不可欠であることを認識していくことが必要であると考えられる。

　その際、生活困窮者自立支援法に基づき、2015年に制度化された「生活困窮者自立支援制度」を活用していくことが有効であると考えられる。本来、就労支援を軸とした制度ではあるが、2020年度以降、新型コロナウイルス感染症拡大に伴う生活困難者への対応として、収入減少者にも対象が拡大され、家賃を補填する住居確保給付金の支給が急速に拡大した。その事業を担う福祉部局や関係機関では、「住まいの確保」に本格的に取り組まざるを得ない状況が生じている。その経験の中で、住居確保給付金の支給だけではとどまらない住まいの問題が社会化されてきている[4]。今後、コロナ収束後、特例が適用されなくなった時点で新たな住宅問題が噴出する可能性があり、社会保障の分野におい

4　2020年度の奈良県の生活困窮者自立支援制度に基づく相談支援機関へのインタビュー調査では、「住まいの確保」をめぐり、複合的な課題が指摘されている（文6）。

ても普遍的な住宅セーフティネット政策が求められている。住宅部局からみると、まさに、連携のチャンスであるといえよう。

　また、全国に各種あわせて約2.1万法人（2019年度）ある社会福祉法人は、「社会福祉事業を行うことを目的として、この法律の定めるところにより設立された法人」と社会福祉法に位置づけられている。その役割は、社会福祉事業や関連する収益事業の他、社会福祉法人の公益性・非営利性を踏まえ、2016年の社会福祉法（第24条第2項）の改正により、法人の本旨から導かれる本来の役割を明確化するため、「地域における公益的な取組」の実施に関する責務規定が創設された。これにより、全国で地域における公益的な事業が社会福祉法人によって展開されている。たとえば、生活困窮者の就労支援や子ども食堂等の居場所づくり等に加え、「高齢者の住まい探しの支援」も注目されている。居住支援団体インタビュー調査対象の中にも「社会福祉法人の公益事業」として社会福祉法人の自主財源を活用した居住支援事業が各地で増えていることを確認できた。たとえば、社会福祉施設や在宅サービスを提供する社会福祉法人や、社会福祉協議会等が、公益事業として居住支援事業を実施している。今後も全国各地での地域に根差した活動の展開が期待できる。

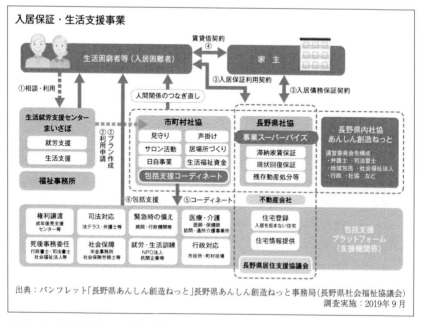

図5-4　社会福祉法人の公益事業例（長野県あんしん創造ねっと（県内社協公益事業））

　このように、近年は住宅セーフティネットへの取組みは国において強化されており、さらに新型コロナウイルス感染症拡大の収束後の取組みも加えた新たな体制づくりが求められている。

　その中での「協議会型アプローチ」は、様々な制度の「すき間」を埋めるだけでなく、新たな居住政策の実施体制として主流化することが期待できる。

【参考文献】

文1）佐藤由美・多治見左近（2010）：住宅と福祉の連携施策に対する評価と課題－シルバーハウジング等実施自治体における高齢者居住政策の実態－，日本建築学会計画系論文集，第75巻第651号，2010.5

文2）佐藤由美「住宅政策における高齢者居住への支援の変遷と今日の課題」都市住宅学第73号，2011.4

文3）佐藤由美「居住者・コミュニティの変化に対応した公営住宅の管理と福祉施策」，都市住宅、第111号，2019.10

文4）佐藤由美「住宅・福祉部局等の連携による自治体居住政策（3）－自治体・居住支援機関等インタビュー調査結果」，奈良県立大学研究季報，第31巻第1号，2020.7

文5）佐藤由美「自治体居住政策のトリガーとしての「居住支援協議会」」住宅会議107号，2020.2

文6）佐藤由美「奈良県における新型コロナウイルス感染症拡大と「住宅セーフティネット」（1）」，奈良県立大学研究季報　第32巻第1号，2021.6

6章　これからの居住政策の実現に向けて

　最後に、本章では、「協議会型アプローチ」を用いたこれからの居住政策の実現に向けた方向性や課題について考察する。

6−1. 居住政策の実現に向けた「協議会型アプローチ」の展開

　これまでに「協議会」による事業実施には、土地区画整理事業や都市再開発事業等の都市開発事業やまちづくり等において多く用いられてきたが、これらは事業実施前の「地権者の合意形成」を目的としている。また、近年は空き家の利活用等においても異なる業界・職種の事業者による「協議会」が設けられ、相談対応等が実施されている。それに対し、本書で対象とした「協議会型アプローチ」は真に安定した居住を実現するための住宅・福祉等の政策実施上の一つの手段であると考えられ、共通の目的に向けて複数主体が効率的・効果的に実践できる状況に至ることが最終目的となる。

　これまでの動きをみると、社会状況とともに、その課題は変化してきている。まず、高齢者住宅政策が先導し、公営住宅等から民間住宅へ、直接供給から民間による供給を誘導・監督する間接的な支援に変化し、さらに、地域共生社会に向け、対象者の拡大が一気に進んだ。本研究を開始以降も、格差の拡大、パンデミックによる経済停滞等により、住まいをめぐる問題はより多様化・深刻化してきている。この間、市等の居住支援協議会を設立する地方自治体は増加し、未設置の地方自治体でも、独自の方法で住宅・福祉の協議を円滑化する動きがあり、「協議会型アプローチ」による連携は普及してきたといえる。

　こうした動きは、国の法制度の変更が地方自治体や民間事業者に大きく影響しているが、一方で形式的な協議体制のみで、ニーズに対応した実質的な取組みに結びついていない事例もある。今後、さらに多様な課題が出現すると思われる居住政策の推進に際しては、①エンドユーザーのニーズを的確に把握すること、②既存の仕組み・人材等の活用が円滑に行えること、③それでも難しい課題に対して、協力して検討・解決できる関係者の存在を見える化すること、④それらの仕組み（協議の場）が各地域の特性・資源に応じて臨機応変に構成できること等が重要であり、より生活者に近いところで住宅確保の円滑化が

様々な生活困窮の解決策と一体的に行えるような体制づくりが求められる。

　そうした意味で、居住支援協議会等の官製の仕組みづくりが今後は、主体者・対象者の関係性の見直し、公民の役割の見直し等により、より多様な形態として定着していくことが望まれる。

　さらに、連携以前の住宅・福祉両領域固有の課題もあり、それらを解決するためにも「協議会型アプローチ」による新たな連携イメージを構築していくことも求められる。

　そこで、地域の住宅需要や課題に応じて必要となる新たな居住システムとして「地域包括居住システム」を提案する。これは、地域包括ケアシステムのように、各地域の特性に応じて、公・民の住宅の種類を問わず、住生活を支える様々な資源がネットワークをつくり、切れ目なく円滑に活用でき、地域において安心して生活するための総合的な居住支援の仕組みとして定義できる。

　居住支援協議会が、協議・事業を行う組織として公民が連携した総合的な「居住支援ネットワーク」として基礎自治体に整備され、その構成員である民間事業者による「事業者ネットワーク」や行政地区担当などにより、日常生活圏域等の各地区において住宅や居住者、地域資源等の特性に応じた顔の見える関係（地区レベルの協議会型アプローチ体制）をつくり、きめ細かく支援体制を構築していくイメージである。公営住宅団地のある地区、空き家の多い地区、民間住宅の転用が可能な地区等の住宅の特性への対応や住宅確保要配慮者の生活全体への対応等が可能になるものと思われる。

　その前提としては、行政における縦割り・横割りを減らし、地域課題に対応した多元的・包括的な居住政策を実施すべく、住宅・居住行政においては公営住宅・民間賃貸住宅政策の一体化や住生活に係る福祉等の領域との接点の拡大等が、福祉行政においては、地域共生をめざした対象者を横断するような居住支援の体制構築が必要となる。現時点では、既存の地域包括ケアシステムや障害者・生活困窮者等に対応した相談支援体制の活用が考えられるが、将来に向けてダイナミックな体制の改変が必要なことはいうまでもない。しかし、近年の様々な変化を見たとき、こうした方向性の動きは各地でみられ、関与している方たちの意識も大きく変わってきている。

　このような状況の中で「協議会型アプローチ」を活用した新たな居住政策の展開が期待される。

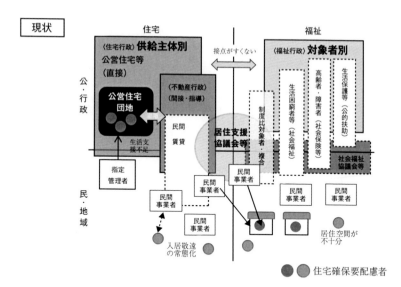

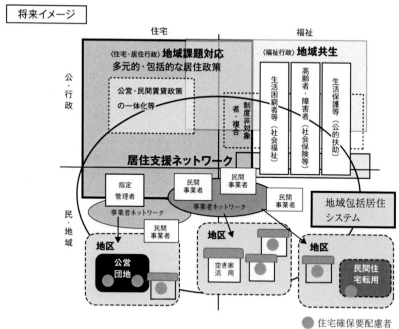

図6-1　居住政策の現状と「協議会型アプローチ」を活用した将来イメージ

（佐藤 由美）

6−2. 社会保障制度としての居住保障と居住支援

　日本では、人口・世帯構造の変化（超高齢社会の進展に伴う高齢者人口の増加、未婚・離別・晩婚化等に伴う少子化・単身世帯の増加等）や、就労構造の変化（非正規雇用の増加、他産業からサービス業へのシフト、終身雇用制度の解体と転職の一般化、女性労働者の増加等）により、低所得や不安定雇用など脆弱な人々が増加している。2020年の非正規雇用者数は2,090万人であり、雇用者全体の37.2％を占めている。一般的に、非正規雇用者は正規雇用者よりも賃金が低く、企業による福利厚生（特に住宅手当）にあずかれない。特定のサービス業や製造業（飲食、宿泊、建設、運送業等）には寮付き就労の形態が残っているものもあるが、雇用の継続性・安定性が十分でない業種が多く、いったん失職すれば住居も失うことになる。将来的には、無年金・低年金で家族の支援も期待できない中高年単身世帯の増加が見込まれており、社会保障制度のあり方が問われている。

　また、日本は地震や台風などの自然災害が多い国であるが、近年多発している大規模な地震や水害の発生は多数の人々を生活困難に陥れている。加えて、2019年の年末から流行している新型コロナウイルス感染症も経済活動に多大な影響をもたらしており、家賃やローンが支払えず住宅に困窮する人々が増加している。

　「居住」は人々が社会生活を行うための基盤であり、居住の権利は国連が採択した国際人権規約にも定められている。欧米諸国では、住宅政策は社会政策の一つとして位置づけられ、公営住宅・社会住宅の供給や住宅手当・家賃補助の給付など、居住保障のための施策が行われている。たとえばフランスでは、「全世帯の17％が社会住宅（何らかの形で公的な資金が用いられている住宅）で暮らし、国内で暮らす10人に1人が住宅手当などの現金給付を受けている」（小西2021）。しかし、日本の住宅政策は、住宅市場を重視し住生活産業の成長を目指すなど経済政策的側面が強い。欧米諸国と比べると、社会住宅に相当する社会資源がなく、公営住宅の供給量も少ない（住宅総数に占める公営住宅の割合は3.6％）。また、全国的な住宅手当・家賃補助制度もない。社会住宅や住宅手当・家賃補助に対する財政支出の対GDP比は欧米諸国と比べて低い。

　2017年に住宅セーフティネット法が改正され、新たな住宅セーフティネット制度として、①住宅確保要配慮者の入居を拒まない賃貸住宅の登録制度、②専

用住宅の改修・入居への経済的支援、③住宅確保要配慮者のマッチング・入居支援が導入された。賃貸住宅の登録戸数は2020年の年末にようやく目標値の17.5万戸を超えたものの、その活用はまだこれからという状況である。住宅セーフティネット法に基づく賃貸住宅供給促進計画の策定も2022年1月4日時点で37都道府県17市町にとどまっている。

　新たな住宅セーフティネット制度に代わって、居住保障の役割・機能をはたしているのは、もっぱら生活保護制度や住居確保給付金等、福祉施策として実施されている制度や事業である。住居確保給付金は、生活困窮者自立支援制度の一つで、原則3か月（最長9か月）の家賃を補助するもので、従来は離職者を対象としていたが、2020年4月から新型コロナウイルスによる減収世帯やフリーランスにも対象を拡大した。新型コロナウイルス感染症の第4波が明けた2021年6月の生活保護の申請は約2万件に上り、前年度より13.3%ポイント増加した。住居確保給付金は生活保護の住宅扶助に準じた上限額内で家賃を給付する制度であるが、2020年度の新規支給決定数は13.5万件で、前年度の34倍に増加した。

　『令和2年度版厚生労働白書』では、平成の30年間の社会の変容と社会保障制度の動向を振り返り、令和時代の社会保障制度のあり方を展望している。すでに日本では、社会保障費が国の歳出の約4割を占めている一方で、歳入は赤字国債に依存していることから、その持続可能性が最も大きな課題であると指摘すると同時に、令和時代の社会保障のあり方として、「①人生100年時代、②担い手不足・人口減少、③新たなつながり・支え合い」というキーワードを挙げてその方向性を示している。このうち、「③新たなつながり・支え合い」では、「対象者ごとに縦割りとなっている制度の狭間に陥る者や世帯が生じないよう、総合的なセーフティネットを構築すること」および「地域ごとに、地域福祉活動、プロボノ活動、民間サービス等、多様な担い手が参画する地域活動の推進に取り組むこと」が重要であるとの見解が示されている。住み慣れた地域の中で暮らしていくためには、多様な担い手・事業主体がつながり支え合って対応を行うことが必要であり、暮らしに必要な特別な助けの例として「居住支援」が挙げられている（図6-2）。この「居住支援」について、厚生労働白書本文では、居住支援協議会の活動や、家賃債務保証、公営住宅等の居住支援が例示されているが、図表中の「見守り機器・システム、訪問・配達サービス等」「互助による助け合い、サークル活動等」「生協の地域福祉活動」等の対応

も、居住を支えるために必要とされることであり、本書が扱う「居住支援」の範疇に含まれると考えられる。

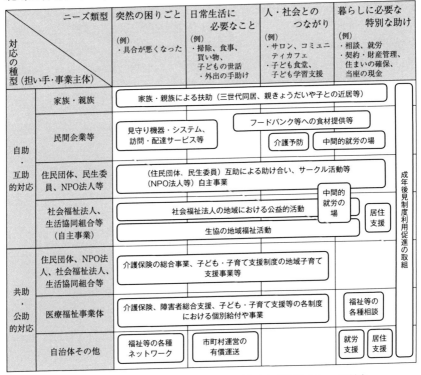

図6-2　住み慣れた地域で暮らしていくために必要なことへの対応

出典：令和2年版厚生労働白書［概要版］https://www.mhlw.go.jp/content/000684406.pdf

　福祉政策の中で、居住保障や居住支援は重要な要素である。高齢化する社会への対応として構築が急がれている地域包括ケアシステムにおいて、要となっているのは「住まい」である。地域包括ケアシステムは植木鉢図に例えられ、「医療・看護」「介護・リハビリテーション」「保健・福祉」という植物を育てるためには、養分を含んだ土である「介護予防・生活支援」と、その土を入れる適切な植木鉢である「住まい」が必要である（図6-3）。つまり、医療や介護を含む社会福祉サービスを提供するためには、その前提として居住保障と居住支援が不可欠なのである。居住政策は居住保障と居住支援を確立するものとして、福祉政策および住宅政策の両面から取り組まれるべきものである。

居住支援には幅広い要素が含まれる。また、社会保障制度を持続可能なものにしていくためには自助・互助的対応を増やしていかざるを得ない。そのためには、多様な担い手の参画は必須である。この意味において、本書がテーマとしてきた「協議会型アプローチ」は、官民を問わず居住政策に関わるすべての関係者の連携と協働のためのプラットフォームを提供するものとなりうる。連携に欠かせないのは、①目標・方針の共有、②分担関係の理解と信頼、③協働の維持と更新のための努力、である。会議体と化すのではなく、居住支援のための具体的な目標や方針を立ててそれを共有し同じ方向に向かって活動を行うこと、そのためには各関係者の役割や機能を相互に理解し信頼をもって接すること、そして担当者が代わっても関係が維持され、よりよい協働関係を目指して常に改善を繰り返すことが必要である。

図6-3　地域包括ケアシステムの植木鉢図

出典：三菱UFJリサーチ＆コンサルティング「＜地域包括ケア研究会＞地域包括ケアシステムと地域マネジメント」（地域包括ケアシステム構築に向けた制度及びサービスのあり方に関する研究事業）、平成27年度厚生労働省老人保健健康増進等事業、2016年

（阪東　美智子）

【参考文献】

文1）厚生労働省『令和2年版厚生労働白書―令和時代の社会保障と働き方を考える』，2020

文2）小西杏奈「フランス―歳出削減で揺らぐ「ユニバーサリズム」」，田辺国昭・岡田徹太郎・泉田信行監修．国立社会保障・人口問題研究所編『日本の居住保障―定量分析と国際比較から考える』，慶応義塾大学出版会，2021

文3）阪東美智子「社会保障としての住宅政策―住宅行政と福祉行政の手段と体系」，田辺国昭・岡田徹太郎・泉田信行監修．国立社会保障・人口問題研究所編『日

本の居住保障―定量分析と国際比較から考える』，慶応義塾大学出版会，2021

文4）阪東美智子「困窮する人々と居住支援」，中島明子編著『HOUSERSハウザー
　　　ズ―住宅問題と向き合う人々―』，萌文社，2017

【参考資料】調査の概要

①自治体アンケート調査の概要

- ・調査手法：郵送による調査票配布、郵送・Eメールによる回収
- ・調査時期：2017調査：2017年 3 ～ 4 月、2019調査：2019年 7 ～ 8 月
- ・調査項目（2017調査、2019調査は下線の項目）
  - 1 ）住宅部局用：自治体の住宅政策全体（公営住宅含む）の実施状況、住宅セーフティネット政策の連携の実態等、居住支援協議会の活動実態、都道府県における市町村福祉部局との連携等の実態、今後の課題や意見等
  - 2 ）福祉部局用：高齢者の「住まい」に関する取組みの実態、高齢者の住まいや居住環境に関する住宅部局等との連携の実態、市町村における都道府県住宅部局との連携等の実態、今後の課題や意見等
- ・調査主体：国立保健医療科学院（阪東美智子）・奈良県立大学（佐藤 由美）国立保健医療科学院の研究倫理審査委員会の承認を得て実施

②自治体インタビュー調査の概要

- ・調査対象：以下の地方自治体の居住支援協議会等を所管する部局

（合計30団体）

都府県 合計16都府県	2017年度：千葉県・埼玉県・東京都・神奈川県・愛知県・三重県・広島県
	2018年度：福島県・熊本県・鹿児島県
	2019年度：岩手県・石川県・大阪府・兵庫県・奈良県・香川県
市区 合計14市区	2017年度：船橋市・世田谷区・京都市・堺市・豊中市・神戸市
	2018年度：仙台市・福島市・調布市
	2019年度：文京区・豊島区・横浜市・川崎市・北九州市

（プレ調査：福岡市・大牟田市・熊本市）

- ・調査手法：訪問によるインタビュー調査
- ・調査時期：2017年 8 月～2020年 3 月
- ・調査項目：住宅政策の概要（重点的な取組みや課題等、公営住宅の問題と対応、公営住宅における入居者への支援等）、住宅セーフティネット政策の実態（民間住宅に対する施策の実施体制・方法、住宅セーフティネット政策の位置づけや取組み方、他部局・団体等との連携方法　等）、居住支援協議会の活動・実施体制・運営方法・課題、県等と市等福祉部局・福祉系団体等との連携（市町村住宅部局の役割・居住支援法人の特徴）や具体

的な連携の実態、福祉部局・団体や県等と市等との協議事例等

③居住支援団体調査の概要

・調査対象：（合計21団体）

福祉系団体 合計12団体	（一社）岩手県社会福祉士会（岩手県） （一社）パーソナルサポートセンター（宮城県） （公社）埼玉県社会福祉士会（埼玉県） （社福）長野県社会福祉協議会（長野県） （社福）京都老人福祉協会（京都府） （社福）岸和田市社会福祉協議会（大阪府） （社福）やすらぎ会（奈良県） （社福）萌（奈良県） （社福）香川県社会福祉協議会（香川県） （NPO）抱樸（福岡県） （社福）熊本市社会福祉協議会（熊本県） （一社）夢ネットはちどり（熊本県）
住宅・不動産系団体 合計5団体	（NPO）日本地主家主協会（東京都） （公社）かながわ住まいまちづくり協会（神奈川県） テオトリアッテ株式会社（石川県） （一財）神戸すまいまちづくり公社（兵庫県） （NPO）住宅＆相続支援びんごNPOセンター（広島県）
その他の団体 （自治・権利擁護） 合計4団体	（NPO）南市岡地域活動協議会（大阪府） （NPO）やどかりサポート鹿児島（鹿児島県） （NPO）おかやま入居支援ネットワーク（岡山県） ホームネット株式会社（東京都他全27都道府県）

（プレ調査：福岡市社会福祉協議会）

・調査手法：訪問によるインタビュー調査
・調査時期：2017年8月〜2020年3月
・調査項目：居住支援（住宅確保要配慮者相談支援事業）の概要（「居住支援」実施の経緯、取組みの内容、相談・契約などの実績数と最近の特徴、実施体制など）、居住支援に関する課題やご意見

【著者紹介】

佐藤　由美（さとう　ゆみ）
奈良県立大学 地域創造学部　教授
（執筆1章〜6章6-1）

阪東　美智子（ばんどう　みちこ）
国立保健医療科学院 生活環境研究部 上席主任研究官
（執筆6章6-2）

OMUPブックレット　刊行の言葉

　今日の社会は、映像メディアを主体とする多種多様な情報が氾濫する中で、人類が生存する地球全体の命運をも決しかねない多くの要因をはらんでいる状況にあると言えます。しかも、それは日常の生活と深いかかわりにおいて展開しつつあります。時々刻々と拡大・膨張する学術・科学技術の分野は微に入り、細を穿つ解析的手法の展開が進む一方で、総括的把握と大局的な視座を見失いがちです。また、多種多様な情報伝達の迅速化が進む反面、最近とみに「知的所有権」と称して、一時的にあるにしても新知見の守秘を余儀なくされているのが、科学技術情報の現状と言えるのではないでしょうか。この傾向は自然科学に止まらず、人文科学、社会科学の分野にも及んでいる点が今日的問題であると考えられます。

　本来、学術はあらゆる事象の中から、手法はいかようであっても、議論・考察を尽くし、展開していくのがそのあるべきスタイルです。教育・研究の現場にいる者が内輪で議論するだけでなく、さまざまな学問分野のさまざまなテーマについて、広く議論の場を提供することが、それぞれの主張を社会共通の場に提示し、真の情報交換を可能にすることに疑いの余地はありません。

　活字文化の危機的状況が叫ばれる中で、シリーズ「OMUPブックレット」を刊行するに至ったのは、小冊子ながら映像文化では伝達し得ない情報の議論の場を、われわれの身近なところから創設しようとするものです。この小冊子が各種の講演、公開講座、グループ読書会のテキストとして、あるいは一般の講義副読本として活用していただけることを願う次第です。また、明確な主張を端的に伝達し、読者の皆様の理解と判断の一助になることを念ずるものです。

　平成18年3月

OMUP設立五周年を記念して
大阪公立大学共同出版会（OMUP）

OMUP

OMUPとは
　大阪公立大学共同出版会（OMUP）は大阪南部に位置する5公立大学、すなわち大阪府立大学、大阪市立大学、大阪女子大学、大阪府立看護大学および大阪府立看護大学医療技術短期大学部を構成する教授を中心として、2000年に設立されました。
　大阪府立関係の4大学は2005年4月に統合され、さらに2022年4月には大阪市立大学とも統合され、大阪公立大学となりました。OMUPは、大阪公立大学の教員および関係者が共同で運営する出版会となっています。
　また、OMUPは2006年に特定非営利活動法人（NPO）として認証されました。OMUPは一般の出版社において刊行が難しい優良学術図書の刊行頒布を行い、大学における教育・学術研究の成果を広く国民に還元し、学術の振興および文化の発展に貢献することを目的としています。

What is OMUP?
　OMUP is a publishing society that was established in 2000 by professors of the five municipal universities in southern Osaka: Osaka Prefecture University, Osaka City University, Osaka Women's University, Osaka Prefectural College of Nursing, and Osaka Prefectural College of Health Sciences.
　The four prefectural universities were merged in April 2005, and then merged with Osaka City University in April 2022 to form Osaka Metropolitan University. OMUP is run jointly by faculty members and other staff of Osaka Metropolitan University.
　OMUP has been a Non-Profit Organization (NPO) since 2006. Its purpose is to publish and distribute quality academic books that may not have a chance to be published by commercial publishers, to present the achievements of university education and research to the public, and to contribute to the academic and cultural advancement.

OMUPブックレット No.67

住宅と福祉の連携
—— 居住政策の実現に向けた「協議会型アプローチ」——

2022年3月20日　初版第1刷発行

著　者　　佐藤 由美・阪東 美智子
発行者　　八木　孝司
発行所　　大阪公立大学共同出版会（OMUP）
　　　　　〒599-8531 大阪府堺市中区学園町1-1
　　　　　大阪公立大学内
　　　　　TEL　072（251）6533　FAX　072（254）9539
印刷所　　和泉出版印刷株式会社

OMUP ブックレット No.67

住宅と福祉の連携
—居住政策の実現に向けた「協議会型アプローチ」—

佐藤 由美・阪東 美智子

大阪公立大学共同出版会

注：本書に掲載した写真のうち、原則として、個人が特定できるものについてはご本人に、その他については組織の代表者もしくは全体に許可を得た上で、写真を撮影および使用しています。また、本書で触れる事例等において、個人を特定できないように情報を加工しています。ただし、文献を引用する場合や、専門職や大学教員等のうちご本人からの了承が得られた場合については、本名を記しています。